शकुंतिका

[उपन्यास]

शकुंतिका

भगवानदास मोरवाल

राजकमल प्रकाशन

ISBN : 978-93-89598-21-6

मूल्य : ₹295

पहला संस्करण : 2020

प्रकाशक : राजकमल प्रकाशन प्रा. लि.
1-बी, नेताजी सुभाष मार्ग, दरियागंज
नई दिल्ली-110 002
शाखाएँ : अशोक राजपथ, साइंस कॉलेज के सामने, पटना-800 006
पहली मंजिल, दरबारी बिल्डिंग, महात्मा गांधी मार्ग, इलाहाबाद-211 001
36 ए, शेक्सपियर सरणी, कोलकाता-700 017
वेबसाइट : www.rajkamalprakashan.com
ई-मेल : info@rajkamalprakashan.com

मुद्रक : बी.के. ऑफसेट
नवीन शाहदरा, दिल्ली-110 032

SHAKUNTIKA
Novel by Bhagwan Dass Morwal

जाते हुए दिसम्बर की बर्फ़-सी पिघलती रात।

ठीक वैसी ही जैसी 'पूस की रात' नामक कहानी में उसका नायक हल्कू, बाँस के खटोले पर अपनी पुरानी गाढ़े की चादर ओढ़े काँप रहा होता है। जबकि उसका साथी जबरा कुत्ता मारे ठंड के पेट में मुँह दबाए कुँकियाता रहता है। इन दोनों रातों में अन्तर है तो केवल इतना कि जहाँ हल्कू और उसका जबरा दोनों, तारों से पटे खुले आकाश से बरसती ओसभरी सर्दी में रातभर करवटें बदलते रहते हैं, वहीं अलग-अलग जगहों से विस्थापित होकर आए, इस पुनर्वासित कॉलोनी के लोग अपनी-अपनी रज़ाई में गहरी नींद ले रहे होते हैं। देश के दूसरे शहरों की तरह यह कॉलोनी भी विविधता में एकता की मिसाल लिए, छोटा-सा एक ऐसा टापू है, जहाँ सब एक दूसरे के सुख-दुःख में बराबर के भागीदार होते हैं।

ऐसी ही पूस की रात का तीसरा पहर। वह पहर जब आदमी तो आदमी, सारे देवी-देवता तक कच्ची नींद में सो रहे होते हैं। अचानक गली में बज उठी थाली की खनक सुनकर गहरी नींद में सो रही भगवती की आँखें खुल गईं। बराबर में बिछी चारपाई पर बेसुरे खर्राटें ले रहे दशरथ की नींद भी थाली की आवाज़ सुन उचट गई।

"लगता है उग्रसेन के घर में एक और आ गया!" करवट लेते हुए दशरथ ने भगवती को सुनाते हुए कहा।

"लग तो ऐसा ही रहा है।" इतना कह भगवती एक गहरी लम्बी साँस लेते हुए जैसे ख़ुद से कहती है, "ऊपरवाला भी उसे ही देता जाता है जिसके पहले से एक नहीं कई-कई हैं। पता नहीं यह हमारी कब सुनेगा।"

"सब नसीब के खेल हैं। इसके आगे किसी की नहीं चलती। चल सो जा!"

"हे राम!" इतना कह भगवती फिर से कुनमुनाती हुई अपनी रज़ाई में दुबक गई।

जब तक भगवती को नींद नहीं आई, रह-रह कर थाली की खनक उसके कानों में गूँजती रही। हालाँकि थाली का बजना अब बन्द हो चुका है फिर भी ऐसा लग रहा है जैसे बाहर खम्भे पर झूलते बल्ब की रोशनी में उसकी खनक अब भी धीरे-धीरे गूँज रही है।

सवेरे यह ख़बर चारों तरफ आग की तरह फैल गई। हालाँकि आधे से ज्यादा मोहल्ले को इसका अनुमान रात को ही लग गया था। थाली तो केवल मुनादी के लिए बजी थी। पुष्टि तो इसकी अब हुई है।

"बहू, देखना कौन है?" सवेरे-सवेरे दरवाज़े पर पड़ी दस्तक को सुन भगवती ने आवाज़ देते हुए कहा।

सास की टेर सुनकर रेवती दरवाज़े की ओर बढ़ गई।

"चाचीजी प्रणाम!" दरवाज़ा खोलते हुए रेवती ने झुकते हुए अभिवादन किया।

"कौन है बहू?" भगवती ने अपने कमरे से ही आवाज़ देते हुए पूछा।

"दुर्गा चाची हैं अम्माजी!" रेवती ने दरवाज़े से बताया।

इस बीच दुर्गा रेवती को ऊपर से नीचे तक आँखों-ही-आँखों में उतार गई। अचानक उसकी नज़र रेवती के उभरे हुए पेट पर रुक गई। दुर्गा द्वारा अपने आपको इस तरह भेदती नज़रों से देखने पर, रेवती अपने आप में सिमटती चली गई। जिस तरह दुर्गा ने उसे देखा, रात तीसरे पहर बजी थाली की तीख़ी खनक एकाएक उसके कानों में फिर से गूँज उठी। पलभर के लिए वह सहम गई। उसने कुछ नहीं कहा और दरवाज़े से एक तरफ हट गई।

"अरे आओ दुर्गा! बहुत-बहुत बधाई।" अपने कमरे में दुर्गा के प्रवेश करते ही भगवती ने हँसते हुए उसका स्वागत किया।

"हम तो रात को ही समझ गए थे कि पुत्र-रत्न प्राप्ति के रूप में दुर्गा के घर में एक और पोता आ गया है।" दशरथ ने पत्नी भगवती द्वारा दी गई बधाई को स्पष्ट करते हुए कहा।

"भाई साब, सब आप जैसे भले पड़ोसियों का आशीर्वाद है।" दुर्गा ने गर्वीले भाव के साथ हुलसते हुए उत्तर दिया।

"जच्चा-बच्चा तो ठीक हैं न? जचगी में कोई परेशानी तो नहीं हुई?" भगवती ने एक अच्छे पड़ोसी का दायित्व निभाते हुए पूछा।

"अस्पताल में कैसी परेशानी!" दुर्गा ने बताया।

"हाँ, यह बात तो है। वैसे भी आजकल घर में कौन जचगी कराता है। वो जमाना गया जब दाइयों को ढूँढ़ते फिरते थे।"

"लो, पहले मुँह मीठा करो! यह गपड़चौथ तो चलती रहेगी।" इतना कह दुर्गा ने धोती के पल्लू में छिपा हुआ थाल बाहर निकाला। उसमें रखे लड्डुओं में से चार लड्डू भगवती की तरफ बढ़ा दिए।

वैसे तो दुर्गा दूसरे पड़ोसियों को दो-दो लड्डू बाँटकर आई है लेकिन सालों से हर सुख-दुःख में काम आने वाले भगवती के परिवार से दुर्गा का कुछ अलग ही तरह का रिश्ता है। इसी रिश्ते या कहिए आत्मीयता के चलते एक परम्परा बन

गई है कि दोनों परिवार एक-दूसरे को विशेष दर्जा देते हैं। कहते हैं न कि एक अच्छा पड़ोसी उसी को नसीब होता है जिसने पिछले जनम में मोती दान किए हों।

जिस समय भगवती दुर्गा से लड्डू ग्रहण कर रही थी, उसी समय रेवती नल से पानी भरने के बाद, दरवाज़े के सामने से गुज़र रही थी कि कानों में सास के शब्द पड़े। रेवती वहीं ठिठक गई।

"देखो, इस बार क्या होता है?" भगवती ने गहरी साँस लेते हुए कहा।

"मेरा पक्का यकीन है भगवती कि इस बार तुम्हारे घर में लड़के की ही किलकारियाँ गूँजेंगी।" दुर्गा ने पूरे आत्मविश्वास के साथ दिलासा दी।

"अगर इस बार भी नहीं हुआ न, हम तो जीते-जी मर जाएँगे। पहले से दो-दो लड़कियों को देखकर मेरे तो हाथ-पाँव फूले जाते हैं।" भगवती ठंडी साँस लेते हुए बोली।

सास की बात सुन रेवती का हाथ धीरे-से अपने उभरे हुए पेट पर जा टिका।

"देख लेना। लड़का न हुआ तो मेरा नाम बदल लेना।"

"बहन, तू इतने यकीन के साथ यह बात कैसे कह रही है?" भगवती ने दुर्गा की आँखों में उतरते हुए पूछा।

"अपने मोहल्ले में हमारे घर में यह चौथा लड़का है। सब कह रही हैं कि इस बार सबके लड़के ही होंगे।"

"दुर्गा, बहन तेरे मुँह में घी-शक्कर। अगर ऐसा हो गया न, तो तूने तो गली में थाली बजाई थी, मैं छत पर चढ़कर बजाऊँगी।" कहते-कहते भगवती की आँखें चमक उठीं।

सास के शब्दों को सुन पलभर के लिए ख़ून की कमी से जूझ रही रेवती की देह इस कल्पनाभर से बाँस की खपच्ची-सी लरज़ती चली गई कि और अगर इस बार भी...। इससे पहले कि वह वहाँ से हटती उसके कानों में एकाएक जैसे उबलती हुई कोई बूँद टपकी हो।

"वैसे एक बात कहूँ! मेरी मानो तो एक बार किसी डाक्टर को दिखा भी लो। बिना मतलब क्या फायदा खतरा मोल लेने से।"

दुर्गा की सलाह सुन रेवती का जिस्म अचानक ठंडा पड़ता चला गया। वह समझ गई कि दुर्गा का इशारा किस ख़तरे की तरफ है।

"दिखा तो तब लें जब कोई मरा डाक्टर तैयार हो। वैसे बात की थी एकाध से, सब बोले कि माताजी क्या जेल भिजवाने का इरादा है हमें। इसलिए कहीं लाने-ले जाने का अब कोई फायदा नहीं है।" मारे निराशा के भगवती की आवाज़ डूबती चली गई।

"वैसे कौन-सा महीना है?"

"तीसरा खतम होने को है।"

"फिर तो कोई फायदा नहीं है।" दुर्गा ने विषय पर पर्दा डालते हुए कहा।

"जो होगा देखा जाएगा। किस्मत में जो लिक्खा है, उसे तो कोई मिटाने से रहा।" भगवती ने पिछली बार की तरह एक बार फिर नियति का सहारा लिया और एक लम्बी आवाज़ दी, "गार्गीऽऽऽ!"

"हाँ अम्माँ?" भगवती की आवाज़ सुन छोटी पोती गार्गी ने आकर पूछा।

"ले, ये लड्डू ले जा और अपनी चाची को दे देना!"

"अम्माँ इन्हें कौन लाया?"

"तेरी दुर्गा अम्माँ लाई है।"

"दुर्गा अम्माँ लाई है, पर किसलिए?"

"यह फिर से जो अम्माँ बन गई है।"

"तो क्या इनके घर में फिर से नया भइया आ गया है?" गार्गी समझ गई कि दुर्गा अम्माँ के घर से अक्सर तभी सवेरे-सवेरे लड्डू आते हैं, जब इनके यहाँ कोई नया भइया आता है।

"हाँ, इनके छोटे लड़के अभय के हुआ है।"

"अम्माँ, अभय अंकल के नहीं। आंटी के हुआ होगा। कहीं अंकल के भी बच्चा होता है!"

"अब तू चुप भी करेगी या मुझसे मार खाएगी!"

"अरे भई इसे क्यों डाँट रही है सवेरे-सवेरे?" टॉयलेट से वापिस आते हुए दशरथ ने पूछा।

"दादाजी, यह बताओ कहीं अंकल के भी लड़का होता है? वह तो आंटी के हुआ होगा?"

"बेटा, हुआ तो तेरी आंटी के ही है पर ऐसा कहते हैं।" दशरथ ने मासूम गार्गी की जिज्ञासा शान्त करने की कोशिश की।

भगवती ने दादा-पोती के बीच किसी तरह का हस्तक्षेप नहीं किया। वह तो पता नहीं कल्पनाओं की किन कंदराओं में उतर गई। जाते हुए दिसम्बर की कुनमुनाती सुबह के ठंडे उजास में रह-रह कर उसके कानों में तो बारीक किलकारियाँ जैसे सरसराने लगीं। कुछ पल के बाद वह उनसे बाहर आई, तो पाया गार्गी अब उसके पास नहीं है।

"भगवती, और तेरी छोटी बहू के यहाँ से खुशखबरी कब आने वाली है?" गार्गी के जाते ही दुर्गा ने पूछा।

"अभी तो कुछ भी आसार नहीं है। सारे डाक्टर-हकीमों को दिखा लिया, पर कहीं कुछ बात नहीं बन रही है।" भगवती ने निराश होते हुए कहा।

"देर-सवेर सब हो जाएगा।" दुर्गा तसल्ली देते हुए बोली।

"कब हो जाएगा, छह साल तो हो गए हैं। पता नहीं क्यों, मुझे तो अब उम्मीद-सी खतम होती नजर आ रही है।"

"ऐसी बात ना कह भगवती।" इसके बाद दुर्गा ने भगवती को और ज्यादा दुखी करना ठीक नहीं समझा। इसलिए वह उठते हुए बोली, "अच्छा चलती हूँ। अस्पताल भी जाना है। हो सकता है दोपहर तक छुट्टी भी मिल जाए।" कमरे में एकाएक फैले मासूम से तनाव को देख दुर्गा जाने के लिए खड़ी हो गई।

जिस दिन से उग्रसेन के छोटे बेटे अभय को पुत्र-रत्न की प्राप्ति हुई है, उसी दिन से उग्रसेन और उनकी पत्नी दुर्गा की पूरी तरह देहभाषा यानी बॉडी लैंग्वेज ही बदल गई है। भला क्यों नहीं बदले, आख़िर दोनों बेटों, नागदत्त और अभय के इस पुत्र को मिलाकर, वे चार पोतों के दादा-दादी जो हो गए हैं। एक दिन तो सीना तानते हुए उग्रसेन ने मोहल्ले में किसी से कह भी दिया कि वे एक नहीं चार-चार रत्नों के दादा हैं। अब बताओ जब एक आदमी के पास चार-चार रत्न हों, तब ऐसे में उसे मोहल्ले को दावत देनी बनती है या नहीं? वैसे भी इस समय उग्रसेन के पास क्या कमी है। यह बात अलग है कि आज से लगभग तीस-पैंतीस साल पहले जब वह इस नई-नई कट रही कॉलोनी में आया था, तब क्या था उसके पास? बस, साइकिल पर आसपास के घरों में दूध सप्लाई किया करता था। अपनी इसी मेहनत के बल पर शुरुआती दिनों में पहले साइकिल के कैरियर पर, और उसके बाद मोटरसाइकिल की पिछली सीट के दोनों तरफ कैन लटकाकर दूध सप्लाई करने वाला यही उग्रसेन, आज एक अच्छी-ख़ासी डेरी का मालिक है। हालाँकि कहने वाले कहते हैं कि उग्रसेन दूध कम, दूध के नाम पर पानी ज्यादा बेचता था। जबकि लड़कों ने डेरी का काम छोड़ धीरे-धीरे प्रॉपर्टी डीलर, जिसे सभ्य और इज़्ज़तदार लोग रियल एस्टेट कारोबार के नाम से पुकारते हैं, का काम करना शुरू कर दिया। अवैध रूप से कुछ ईमानदारी मगर ज्यादातर बेईमानी से प्लॉट्स काट-काट कर प्रॉपर्टी डीलर का यह धंधा इतना चल निकला, कि सुनते हैं उन्होंने नई-नई विकसित हुई उपनगरी में विकास प्राधिकरण के कई फ्लैट्स ख़रीद लिए। इसलिए एक डेरी के मालिक होने के साथ-साथ प्रॉपर्टी डीलर के घर में बेटे का जन्म हो, तो पूरे मोहल्ले का जश्न और दावत की कल्पना में डूबा रहना स्वाभाविक है या नहीं?

उग्रसेन के घर में पोता होने की ख़ुशी में मनने वाले इस जश्न को लेकर पूरा मोहल्ला बहुत उत्साहित है। इस उत्साह या कहिए ख़ुशी के कई कारण हैं। सबसे बड़ा कारण तो यह है कि जिन घरों की गृहिणियों ने अपने स्वामियों के शराब पीने पर पूरी तरह प्रतिबन्ध लगाया हुआ है, उन स्वामियों को उस दिन छककर पीने का स्वर्णिम अवसर हाथ लग जाएगा। वैसे भी हमारे संस्कार हमें इसकी इजाज़त नहीं देते हैं कि कोई हमें पूरे सम्मान, आत्मीयता और प्यार से अपनी ख़ुशी में शामिल

होने के लिए आमंत्रित करे और हम उसे ठुकरा दें। रही बात इन गृहिणियों की, तो वे न चाहते हुए कुछ भी नहीं कह पाती हैं।

इस तरह पूरे मोहल्ले को उग्रसेन के परिवार में आने वाले इस नए सदस्य की ख़ुशी में मनने वाले जश्न की पूरी व्यग्रता और बेसब्री से इन्तज़ार है। उग्रसेन और दुर्गा ख़ुद चौथे पोते के नामकरण के उपलक्ष्य में होने वाले आयोजन कुआँ पूजन के लिए, दशरथ और भगवती को सपरिवार कई दिन पहले निमंत्रण दे चुके हैं।

2

सिया आज सुबह से उदास है।

अपने घर के सामने कई दिनों से चल रही चहल-पहल और उत्सवी माहौल को जब-जब वह देखती, तो एक उदासी से उसका चेहरा भीग-भीग जाता। कभी हलवाई के साथ आने वाले बारदानों की खनक, तो कभी टेंटवालों के यहाँ से आने वाले दरी-कनातों के गिरने से उड़ती धूल, पता नहीं क्यों उसे भीतर से बेचैन करने लगती है। उसकी यह बेचैनी तब और बढ़ जाती, जब दुर्गा अम्माँ के घर से किसी बर्थ डे पार्टी पर बुलावा आता। उसकी आज तक समझ में नहीं आया कि दुर्गा अम्माँ के यहाँ अक्सर क्यों इतनी धूमधाम से जन्मदिन मनाया जाता है? जबकि उसने अपने घर में न कभी गार्गी का जन्मदिन इतनी धूमधाम से मनते देखा, न कभी बुलबुल का। हाँ, शुरू में एकाध बार उसका ज़रूर मनाया गया था लेकिन बाद में पहले गार्गी के, और उसके बाद बुलबुल के आने के बाद, तो उसने कभी इस तरह किसी का जन्मदिन मनते नहीं देखा। जब-जब वह अपनी दोनों छोटी बहनों गार्गी और बुलबुल के चेहरे पर दुर्गा अम्माँ के यहाँ होने वाले इस समारोह में शामिल होने की ख़ुशी देखती है, तब वह और परेशान हो उठती।

शाम होते-होते उग्रसेन के घर के साथ-साथ पूरी गली में चिल्ल-पों बढ़ने लगी। पिछले तीन पोतों की तरह इस बार भी चौथे पोते के आगमन की ख़ुशी में उग्रसेन ने दिल खोलकर खर्चा किया। छत के ऊपर कुछ ख़ास अतिथियों सहित उन लोगों के लिए विशेष 'व्यवस्था' की गई, जिनकी गृह स्वामिनियों ने सत्संग के चलते 'गुरु' लिया हुआ है। अर्द्धशहरी और लगभग पूरी तरह शहरी हो गए हमारे परिवारों को सुधारने में इन सत्संगों की बहुत बड़ी भूमिका रही है। आधुनिक समाज के इस पाखंडी नवजागरण की सबसे बड़ी भूमिका यह है कि परिवार के किसी पुरुष को नशा से मुक्ति दिलानी है, तो उस घर की एक महिला को किसी सत्संग में भेजना शुरू कर दो। देखते-देखते वह घर स्वर्ग बन जाएगा। इस देश

में डेरों और आध्यात्मिक गुरुओं के फलने-फूलने के बड़े कारणों में एक हमारे ये अनियंत्रित शराबी पुरुष भी हैं। इसलिए जिन परिवारों में स्त्रियों ने गुरु लिये हुए हैं उनके पति तो सुधर गए, मगर घर का वातावरण ऐसा बन जाता है, मानो यहीं सत्संग चल रहा है। इसी नवजागरण अर्थात् सत्संग का मान रखते हुए, खुली छत के ऊपर जहाँ कुछ विशेष अतिथियों के लिए व्यवस्था की गई है, वहीं एक तरफ डीजे भी लगा दिया गया।

रात जैसे-जैसे गहराने लगी लोग दावत उड़ाने के बाद अपने-अपने घर जाने लगे। देखते-देखते बड़ी बेसब्री से खुली छत पर इन्तज़ार कर रहा डीजे अपनी असली भूमिका में आ गया।

दशरथ और भगवती ने सोने का बहुत प्रयास किया लेकिन डीजे के कानफाड़ू कर्कश शोर के चलते सारे प्रयास विफल हो गए। वैसे तो इस देश में रात दस बजे के बाद सार्वजनिक रूप से लाउडस्पीकर या डीजे के बजने पर प्रतिबन्ध है, लेकिन हमारे देश के क़ानून और इसे लागू करने वाली व्यवस्था इतने उदार और संस्कृति-पोषक हैं कि वे किसी की भावनाओं को आसानी से आहत नहीं होने देते हैं। इसलिए वे तब तक दहाड़ते रहते हैं जब तक कोई दुखी होकर इनकी कोई शिकायत नहीं कर देता। मगर सवाल यह है कि इस संस्कृति-पोषक उदारता से पंगा मोल ले कौन? समाज को सही रास्ता दिखाने का जोख़िम अर्थात् रिस्क ले कौन? क्योंकि अवसर मिलने पर हम सब, चाहे शिक्षित हों या अशिक्षित; अमीर हों या ग़रीब, इस संस्कृति-पोषक उदारता का लाभ लेने से नहीं चूकते हैं।

दशरथ नींद आने के बावजूद चारपाई पर उठकर बैठ गया। उसने घड़ी देखी तो पाया अभी साढ़े दस ही बजे हैं। यानी अभी इस डीजे के कम-से-कम एक घंटा से पहले शान्त होने की कोई उम्मीद नहीं है।

"पता नहीं यह लोडस्पीकर कब बन्द होगा?" भगवती ने करवट लेते हुए दशरथ की ना-उम्मीदी को बढ़ाते हुए कहा।

"जब किसी के यहाँ लड़का होता है, तो इन बड़े-बूढ़ों और हारी-बीमारी वालों का जीना हराम हो जाता है।"

"ठीक है, खुशी मनाओ पर यह क्या बात हुई कि देर रात तक इसे बजवाते रहो। यह नहीं है कि इसे थोड़ी कम आवाज में ही बजवा लें।" भगवती दशरथ से सहमत होते हुए बोली।

"अगर इसे कम आवाज में बजवा लिया, तो लोगों को कैसे पता चलेगा कि फलाँ के यहाँ लड़का हुआ है।" दशरथ ने हँसते हुए कहा।

"चलो सो जाओ! जब बन्द होना होगा, हो जाएगा।" इतना कह भगवती एक बार फिर सोने की कोशिश करने लगी।

थोड़ी देर बाद पहले से कई बार बज चुका 'दो घूँट पिला दे साकिया' के बोल कानों में एक बार फिर से पड़े ही थे कि अचानक डीजे बीच में ख़ामोश हो गया। इसके बाद वह देर तक नहीं बजा।

"लगता है मरा बन्द हो गया!" भगवती ने राहत की साँस ली।

"लगता तो है।"

इसके बाद सचमुच डीजे की कर्कश आवाज़ सुनाई नहीं दी। फिर तो उन दोनों को ऐसी नींद आई कि कब दिन निकल आया उन्हें पता भी नहीं चला।

एक पड़ोसी होने के नाते यह जानने के लिए कि रात को सब ठीक से निपट गया, सवेरे-सवेरे दशरथ उग्रसेन की तरफ चला गया। वहाँ जाकर देखा तो पाया कि उग्रसेन, उसके दोनों बेटों और कुछ रिश्तेदारों के बीच, किसी गम्भीर विषय पर चर्चा चल रही है। दशरथ चल रही इस बातचीत को ध्यान से सुनने लगा।

"बस एक बार यह पता चल जाए कि यह फोन किया किसने, फिर देखना मैं उसकी क्या गत बनाता हूँ।" उग्रसेन के छोटे लड़के अभय के मुँह से ग़ुस्से में फुफकारते हुए यह सुना, तो एक पल के लिए उसकी समझ में नहीं आया कि आख़िर रात को ऐसा क्या हुआ जिसका इन्हें पता नहीं चला। पता नहीं अभय किस फोन की बात कर रहा है? नागदत्त और अभय जिस तरह ग़ुस्से में हैं, उसे देखकर दशरथ की पूछने की हिम्मत नहीं हुई। बस, चुपचाप पहले से चल रही बातचीत को सुनता रहा।

काफ़ी देर बाद उसके हाथ इस ग़ुस्से का वह सूत्र पकड़ में आया जिसकी वजह से उग्रसेन और उसके दोनों बेटे आपे से बाहर हुए जा रहे थे। हालाँकि थोड़ी देर के लिए वह यह सोचकर सहम गया कि यदि सचमुच उग्रसेन के बेटों को यह पता चल गया कि यह फोन किसने किया था, तब उसकी क्या दुर्दशा होगी। उग्रसेन के लड़कों के बारे में यही मोहल्ला नहीं, कॉलोनी के आसपास के लोग भी अच्छी तरह जानते हैं। काश, अभय को इसका पता ही नहीं चले। इसी कामना के साथ दशरथ घर लौट आया।

घर आया तो देखा सिया सुबह का नाश्ता लेकर आई हुई है।

"आप कहाँ चले गए थे? कितनी देर से आपका नाश्ता इंतजार कर रहा है।" भगवती ने पति को उलाहना देते हुए पूछा।

"उग्रसेन के घर चला गया था। सोचा, जाकर पूछ लूँ कि सब ठीक-ठाक निपट गया, पर वहाँ तो माहौल ही कुछ और था।"

"क्या हुआ? सब ठीक तो है?" भगवती ने हैरानी के साथ पूछा।

"हुआ क्या। रात को ग्यारह बजे के आसपास वो जो डीजे एकदम बन्द हो गया था, उसे पुलिस ने आकर बन्द कराया था।"

"हाय राम, पुलिस ने बन्द कराया था?"

"हाँ। किसी ने सौ नम्बर पर फोन करके शिकायत कर दी थी कि इस गली में अभी तक डीजे बज रहा है।"

"फिर?"

"फिर क्या, तीनों बाप-बेटे इसी को लेकर आगबबूला हुए पड़े हैं। अभय तो कह रहा है कि एक बार उसे यह पता चल जाए कि यह फोन किसने किया, फिर देखो उसकी क्या गत बनाता हूँ।" दशरथ ने संक्षेप में सारी कहानी बता दी।

"इसमें आगबबूला होने की क्या बात है। कायदे-कानून भी तो कोई चीज होती है।"

"वो बात तो ठीक है, पर कायदे-कानून को मानता कौन है।"

"फिर रात को क्यों मान गए? रात सोने के लिए होती है या हुड़दंग के लिए होती है।" काफ़ी देर से अपने दादा-दादी के बीच चल रहे संवाद को चुपचाप सुन रही सिया ने पहली बार हस्तक्षेप किया।

"चल छोड़ो हमें क्या। फोन करने वाला जाने और यह उग्रसेन जाने। ला, क्या लाई है नाश्ते में?" विषय को विराम देते हुए दशरथ ने अपनी पोती सिया से पूछा।

सिया ने नाश्ते की थाली दशरथ की तरफ बढ़ा दी। दशरथ ने मुँह में अभी पहला ग्रास डाला ही था कि सिया मुस्कराते हुए बोली, "दादाजी, एक बात बताऊँ!"

"हाँ, बोल!" दशरथ ने पोती की तरफ बिना देखे कहा।

"रा...रात को सौ नम्बर पर मैंने फोन किया था।"

"क्याऽऽऽ?" पोती के इस रहस्योद्घाटन पर दशरथ और भगवती दोनों के मुँह से एक साथ निकला। दशरथ के तो हलक़ में जैसे निवाला अटक गया।

"हाँ मैंने किया था।" सिया की मुस्कान और गहरी हो गई।

"ये लड़कियाँ तो हमें किसी दिन मरवा के मानेंगी!" भगवती के चेहरे पर हवाइयाँ उड़ने लगीं।

"बेवकूफ लड़की तूने यह क्या किया! अगर नागदत्त को पता चल गया तो बेमतलब एक ही मोहल्ले में बैरकसी हो जाएगी।" दशरथ ने चिन्तित होते हुए कहा।

"फिर और क्या करती दादाजी। डीजे के शोर से आप तो परेशान हो ही रहे थे, मैं और गार्गी भी डिस्टर्ब हो रही थीं। एक तो हमारे बोर्ड के एग्ज़ाम और ऊपर से यह शोर।"

"तो एक रात में तुम दोनों कौन-सी जज बन जाओगी!" भगवती पोती को डाँटते हुए बोली।

"अम्माँ बात एक रात की नहीं है। कानून भी तो कोई चीज होती है।"

"क्या कानून का सारा तुमने ठेका ले रक्खा है! और नहीं हैं इस मोहल्ले में।"

"हमें औरों से मतलब नहीं है। हम अपनी बात कर रही हैं।"

"कोई बात नहीं। अब कर दिया तो कर दिया। आगे से ध्यान रखना...और हाँ, इसका किसी को पता नहीं चलना चाहिए कि पुलिस को हमारे यहाँ से किसी ने फोन किया था।" दशरथ ने सिया समेत पत्नी भगवती को चेताते हुए विषय पर विराम लगा दिया।

"आपने इन्हें सिर पर चढ़ा रक्खा है। लड़कियाँ हैं तो लड़कियों की तरह रहें।"

"अम्माँ, आपको कितनी बार कहा है कि बार-बार यह लड़कियाँ-लड़कियाँ मत कहा करो।" सिया का चेहरा इस बार खिंचता चला गया।

"लड़कियाँ नहीं, तो क्या लड़का कहूँ!"

"क्यों बेमतलब बच्ची को धमका रही है! अब समझा दिया है तो आगे से ऐसा काम नहीं करेगी।" भगवती को रोकते हुए दशरथ बोला।

"आपको पता नहीं है उग्रसेन के इन लड़कों का सुभाव। गली-मोहल्ले की जरा भी लिहाज नहीं है इन्हें। उग्रसेन के तो थोड़ी-बहुत शर्म भी है, पर इसकी औलाद बड़ी निकम्मी है। और इनके वो रतन, वे इनसे भी दो कदम आगे हैं।" भगवती ने अन्ततः अपना डर व्यक्त कर ही दिया।

दशरथ कुछ नहीं बोला। शायद भगवती ठीक कह रही है। उसने धीरे-से आँखों-आँखों में सिया को न जाने क्या इशारा किया कि सिया वहाँ से चली गई। सिया के जाते ही दशरथ पत्नी को समझाने लगा, "वैसे एक बात तो है, अगर रात को हमारी सिया सौ नम्बर पर फोन नहीं करती, तो पता नहीं यह डीजे कब तक चिंघाड़ता रहता। मारे शोर के मेरा तो सिर ही फटा जा रहा था।"

"आपकी ही क्या मेरी भी बुरी हालत थी।"

"कुछ नहीं होगा। बिना मतलब टेंशन मत ले...और हाँ, इन्हें यह लड़की-लड़की कहकर मत चिढ़ाया कर।"

"मुझे भी कोई शौक नहीं है,पर इन्हें यह याद दिलाना भी तो जरूरी है कि अपनी हदों में रहना सीखो।"

भगवती के इस निर्देश या कहिए चेतावनी पर दशरथ चुप्पी साध गया। वह कुछ नहीं बोला।

3

उग्रसेन के रत्नों ने अपने ही मोहल्ले में नहीं, बल्कि पूरी कॉलोनी की नाक में मानो दम किया हुआ है। जब तक बात आपस में छोटी-मोटी मारपीट तक सीमित थी, तब तक ठीक था। मगर अब बात उससे भी आगे बढ़ने

लगी है। नागदत्त और अभय के दोनों बड़े लड़कों की एक के बाद एक लड़कियों से छेड़खानी की आए दिन शिकायतें आने लगीं। इसका परिणाम यह हुआ कि जो उग्रसेन एक समय अपनी कॉलोनी में डेरीवाले के नाम से जाना जाता था, तेज़ी से उसकी शोहरत दूधिए के रूप में फैल गई। यहाँ तक कि दबी ज़बान में अब मोहल्लेवाले भी इस परिवार को इसी नाम से पुकारने लगे हैं।

उग्रसेन के छोटे पुत्र अभय ने दिन-पर-दिन अपने परिवार की बढ़ती इस 'शोहरत' को समय रहते भाँप लिया। भाँप क्या लिया बल्कि जैसे-जैसे संयुक्त परिवार की आमदनी बढ़ने लगी, वैसे-वैसे भाइयों की नीयत में फ़र्क़ और अविश्वास बढ़ने लगा। इस अविश्वास का नतीजा यह हुआ कि दोनों एक-दूसरे से नज़र बचाकर, साझे में चल रहे धंधे में से अपना-अपना बैंक बैलेंस बढ़ाने में जुट गए।

अभय को शायद इन परिस्थितियों का पहले से आभास था। इसलिए उसने समझदारी दिखाते हुए समय पर कदम उठाया और चुपचाप अपने परिवार के साथ नई-नई बनी एक सोसायटी में आ गया। कुछ दिन पहले जिस पोते के पैदा होने की ख़ुशी में उग्रसेन ने पूरे मोहल्ले को दावत दी थी, उसी पोते को अपने मुलायम और नर्म हाथों के पलने से दूर होता देख दुर्गा का कलेजा मुँह को आने लगा। कहते हैं कि मूल से अधिक ब्याज प्यारा होता है। इसका जीता-जागता उदाहरण पूरे मोहल्ले ने उस दिन देखा, जिस दिन अभय अपने एक परिवार के साथ, अपने दूसरे परिवार को छोड़कर जा रहा था। अपनी गोद से पोते को देते हुए दुर्गा की हिलकियाँ बँध गईं।

एक खाते-पीते ख़ुशहाल संयुक्त परिवार में यह पहली दरार थी, जिसका गवाह लगभग पूरा मोहल्ला बना। उस दिन उग्रसेन के परिवार में पहली बार सन्नाटा देखा गया। उस दिन के बाद लोगों ने देखा कि उग्रसेन अब कुछ उदास-सा रहने लगा है। गली पहले की अपेक्षा कुछ शान्त रहने लगी है।

पिछले कुछ दिनों से शान्त रहने वाली गली की कुनमुनाती सुबह अचानक जैसे गौरैया के नाद से कूक उठी।

चिर-परिचितों द्वारा शुभकामनाएँ और आशीष देने वालों का दशरथ के घर ताँता लग गया। बस, इस मोहल्ले का एक घर है जहाँ इस क़दर सन्नाटा छाया हुआ है कि इससे उसकी दीवारें भी सहम गई हैं। उग्रसेन और दुर्गा को इतना दुःख अपने रत्नों की असफलता पर नहीं, जितना अपने सामने वाले घर में बजते कामयाबी के वृंदगान को सुन-सुन कर हो रहा है। हमारे समाज की एक कटु सच्चाई यह भी है कि इतने दुखी हम अपने दुःखों से नहीं होते हैं, जितना दूसरे को ख़ुश देखकर होते हैं। ईर्ष्या हमारी धमनियों में उस गाढ़े रक्त की तरह समा गई है, जिसने हमारा साँस लेना दूभर कर दिया है।

पड़ोस का मामला है। कहीं वे यह न समझ बैठें कि उनकी इस सफलता से वे ख़ुश नहीं हैं, इसलिए न चाहते हुए दुर्गा बेमन से उठी। 'उग्रसेन निवास' का गेट खोला और लगभग थके हुए क़दमों के साथ भगवती के घर की तरफ चल दी। हालाँकि उसके 'उग्रसेन निवास' से भगवती का घर महज़ कुछ क़दम दूर है लेकिन यही कुछ क़दम की दूरी उसे मीलों लम्बी लगने लगी। पहले से खुले दरवाज़े और अन्दर से आती खिलखिलाहटों को अनसुना कर वह अन्दर प्रवेश कर गई।

दुर्गा को देखते ही सिया तेज़ी से उसकी तरफ आई और पाँवों को छूने लगी।

"जीती रह! बहुत-बहुत बधाई।" दुर्गा ने सिया को आशीष देते हुए कहा।

मारे संकोच के सिया कुछ नहीं बोली।

"भगवती, मैं तो पहले ही कहती थी कि एक दिन तेरी ये पोतियाँ तुम्हारा नाम रोशन करेंगी।"

दुर्गा के यह कहने पर भगवती याद करने लगी कि उसने उससे ऐसा कब कहा था? भगवती देर तक याद करने की कोशिश करती रही मगर उसे कुछ याद नहीं आया। इसी बीच अचानक जैसे उसे भी कुछ याद आ गया, "दुर्गा, तेरे दो पोते भी तो बारहवीं में पढ़ते हैं! उनके रिजल्ट का क्या हुआ?"

"हाँ चाचीजी, आपके रोहन और अमित का भी तो रिजल्ट आ गया है?" रेवती ने अपनी सास भगवती की जिज्ञासा में अपनी जिज्ञासा मिलाते हुए पूछा।

दुर्गा इसी बात से डर रही थी और इसीलिए वह यहाँ आने में हिचकिचा रही थी। यह तो पड़ोस का मामला है जो वह सिया को बधाई देने आ गई, वरना उसका मन कहाँ कर रहा था यहाँ आने का। अब इन दोनों सास-बहू ने सबके सामने पूछा है, तो जवाब देना ही पड़ेगा।

"हुआ क्या, बस जैसे-तैसे पास हो गए हैं।" बेमन से दुर्गा ने जवाब दिया।

"फिर भी, कितने नम्बर आए हैं?"

"नम्बरों का तो मुझे नहीं पता। बस इतना पता है कि वे पास हो गए हैं।"

रेवती समझ गई कि दुर्गा चाची बताना नहीं चाहती हैं।

"सिया, बेटी अब आगे क्या करने का इरादा है?" दुर्गा ने तुरन्त बात बदलते हुए पूछा।

"अम्माँ, एलएलबी करूँगी।"

"लल्लबी! यह कौन-सा कोरस है बहू?" दुर्गा ने सिया के बजाय उसकी माँ रेवती से पूछा।

"चाचीजी, इसे करने से वकील बना जाता है।"

"अच्छाऽऽऽ तो तुम इसे अब जज बनाओगी!" दुर्गा ने व्यंग्य किया।

"इसकी यही जाने कि यह क्या बनेगी।" भगवती ने हँसते हुए कहा।

"वैसे यह कोई डाक्टरी-वाक्टरी करती तो अच्छा रहता। हमारे सपूतों के तो नम्बर ही नहीं आए वरना उनके दादा उन्हें डाक्टर बनाते।" कहते हुए दुर्गा का चेहरा बुझता चला गया।

कुछ देर बैठकर दुर्गा उठकर जाने लगी कि भगवती ने टोकते हुए कहा, "बहू, तूने दुर्गा का मुँह तो मीठा कराया ही नहीं!"

"बातों-बातों में भूल गई मम्मीजी। अभी लाई।"

इतना कह रेवती रसोई में गई और लड्डुओं से भरा एक थाल ले आई। दुर्गा ने थाल में से दो लड्डू लिए और घर लौट आई।

इधर उग्रसेन के घर में जैसे मातम छा गया। अपने जिन रत्नों पर उग्रसेन और दुर्गा को बड़ा गर्व था, उनमें से आज दो तो मामूली पत्थर साबित हो गए। नागदत्त और अभय का तो मारे ग़ुस्से के और भी बुरा हाल है।

"इतने महँगे स्कूल में पढ़ाने का आख़िर क्या फायदा हुआ? इनसे तो सरकारी स्कूल में पढ़नेवाली ये लड़कियाँ लाख दर्जे अच्छी निकलीं। अरे, सरकारी स्कूल में पढ़नेवालों के बानबे परसेंट और प्राइवेट स्कूल में पढ़ने वालों के बस पचपन परसेंट।" अभय एक तरफ गुमसुम खड़े रोहन और अमित को सुनाते हुए बोला।

"पढ़ें तो तब जब इन शहजादों को गुंडागर्दी से फुरसत मिले!" नागदत्त ने अपने छोटे भाई अभय का समर्थन किया।

"मेरी मानो तो इन पर और ज्यादा समय बरबाद करने से अच्छा है इन्हें प्रोपर्टी के धंधे में लगा दो। इनको जितना पढ़ना था पढ़ लिये। वैसे भी इस धंधे में इतनी पढ़ाई-लिखाई बहुत है।" अभय ने लगभग अपना फैसला और मन की बात कह दी।

उसके इस सुझाव पर किसी ने कोई प्रतिक्रिया व्यक्त नहीं की। रोहित और अमित ने इस फैसले पर कनखियों से चुपके से एक-दूसरे की आँखों में देखा। उन दोनों के चेहरों को देखकर कोई नहीं कह सकता कि उनके मन में किसी तरह का अपमान और अपराधबोध है। बल्कि सच्चाई यह है कि उनके मन में तो जैसे ख़ुशी के लड्डू फूट रहे हैं। अच्छा हुआ जो सिया ने इस पढ़ाई नाम की बीमारी से उनका पीछा छुटवा दिया। न बारहवीं में सिया के बानबे प्रतिशत अंक आते और न पढ़ने-लिखने से उनका पीछा छूटता। कम-से-कम अब वे अपनी मर्ज़ी की ज़िन्दगी तो जिएँगे। इसके बाद सब एक-एक कर उठ गए। सबके इधर-उधर हो जाने के बाद रोहित और अमित ने एक बार फिर आपस में एक-दूसरे की तरफ देखा। एक गहरी मुक्तिभरी साँस ली और बेपरवाह महीन मुस्कान उछालते हुए घर से बाहर निकल गए।

उग्रसेन के घर में तनाव के रेशे अभी कुछ ढीले पड़े ही थे कि सप्ताहभर बाद, दशरथ और भगवती के घर में बधाई देनेवालों ने इन्हें फिर से कस दिया।

उग्रसेन ने जैसे ही अपनी पत्नी दुर्गा को इसकी सूचना दी, उसे सुनकर दुर्गा को लगा उसके शरीर में जैसे छोटी-छोटी चींटियाँ रेंगने लगी हैं। और जैसे ही अगले पल उसे दूसरी ख़बर मिली, उसे सुनकर तो इन चींटियों की यह महीन चुभन बिच्छुओं के डंक में बदल गई। लगने लगा जैसे इन ज़हरीले डंकों का विष पूरे शरीर में फैलने लगा है।

दुर्गा को उग्रसेन के कहे पर एक पल के लिए विश्वास नहीं हुआ। इसलिए उसने एक बार फिर पुष्टि करते हुए पूछा,"सचमुच अपना विभोर दसवीं में फेल हो गया है?"

"मैं कोई फारसी में बोल रहा हूँ, जो तू ऐसे पूछ रही है!" उग्रसेन ने झल्लाते हुए कहा।

"हे राम! ये सारे कौरव इसी घर में पैदा हो गए? एक भी तो काम का नहीं निकला।" दूसरी ख़बर सुनने के बाद दुर्गा माथे पर हाथ मारते हुए बोली। विभोर के फेल होने की सूचना से आहत दुर्गा,उग्रसेन से यह पूछना भी भूल गई कि अभय के दूसरे लड़के विजय का क्या हुआ। उसने भी तो विभोर के साथ बोर्ड की परीक्षाएँ दी थीं? विभोर के फेल होने के शोक में डूबी दुर्गा को कुछ पलों के बाद होश आया, तो उसने डूबी हुई आवाज़ में पूछा, "तो क्या विजय भी फेल हो गया है?"

"ना, वह तो पास हो गया है।"

"चलो, यह तो पास हुआ वरना लक्षण तो इसके भी ठीक नहीं थे।" दुर्गा ने राहत की साँस ली। फिर कुछ पल बाद रुककर बोली, "औ...और सामने वाली भगवती की दूसरी पोती गार्गी का क्या रहा?"

"बधाई देनेवालों की चिल्ल-पों को सुनकर अन्दाजा नहीं हो रहा है कि उसका क्या रहा होगा?" उग्रसेन ने एक बेमानी मुस्कान बिखेरते हुए उलटा दुर्गा से पूछा।

"तो क्या बड़ी की तरह उसके भी वैसे ही नम्बर आए हैं?"

"बड़ी की तरह! बल्कि इसके तो उससे भी ज्यादा आए हैं। बड़ी के तो बानबे परसेंट ही आए थे। सुना है इसके चौरानबे परसेंट आए हैं।"

"पता नहीं इस भगवती की पोतियाँ भी क्या लिखाकर आई हैं। राम जाने इनकी माँ ने इन्हें क्या खाकर जना है।" दुर्गा ने पति को सुनाते हुए कहा।

"भई मानना पड़ेगा! पोतियाँ हों तो दशरथ और भगवती जैसी। क्या किस्मत पाई है।" उग्रसेन ने धीरे-से दुर्गा की आँखों में झाँकते हुए कहा।

"ऐसे निकम्मे पोतों से तो ऊपरवाला दशरथ-भगवती जैसी एक पोती ही दे देता। सत्यानाशियों में से एक भी तो काम का नहीं निकला।"

"सही कह रही है। कई बार तो सामने की चिल्ल-पों सुनकर ऐसा लगता है जैसे किसी पेड़ की टहनियों पर बैठी गौरैयाँ चहक रही हैं। जब देखो, दोनों पोतियाँ उनके आगे-पीछे अटकती-मटकती रहती हैं। इधर हमारे सपूत पोते हैं। एक गिलास

पानी के लिए भी कई-कई बार चिल्लाना पड़ता है।" कई रत्नों के दादा उग्रसेन की आँखें एकाएक पनीली हो गईं।

"सब किस्मत के लेखे हैं। पता नहीं दशरथ-भगवती के बेटे-बहू ने पिछले जनम में कौन-से मोती दान किए हैं, जो लिच्छमी जैसी लायक बेटियाँ पाई हैं!" दुर्गा गहरी साँस ले उसे बाहर छोड़ते हुए बोली।

एक बेचैन कर देने वाले नैराश्य से दुर्गा घिरती चली गई। जब-जब उसके कानों में दशरथ के घर से उठती किलकारियाँ गूँजतीं, तब-तब उसके मन में एक अजीब-सी हूक उठने लगती। एक अनजाने भय से उसका मन इस तरह विरक्ति से भर गया कि इस बार वह भगवती के घर उसकी पोती गार्गी की इस कामयाबी के लिए बधाई देने के लिए भी नहीं गई।

4

दुर्गा की भविष्यवाणी एकदम ग़लत साबित हुई।

भगवती ने जैसा कहा था, वह सच साबित हो गगा। पहले से मौजूद इन दो-दो को देखकर उसके हाथ-पाँव फूले जाते हैं, वहीं यह तीसरी और आ गई। वह समझ गई कि दुर्गा ने उसे उस दिन झूठी तसल्ली दी थी। मन को तसल्ली देने के लिए ही दुर्गा ने कहा था कि इस बार तुम्हारे घर में लड़के की ही किलकारियाँ गूँजेंगी। यह सोचकर वह मन-ही-मन हँस पड़ी कि हाँ, किलकारियाँ तो गूँज रही हैं मगर लड़की की। जब-जब नन्हा कातर रुदन भगवती के कानों में गूँजता, तब-तब लगता जैसे यह नन्हा रुदन नहीं, पिघले हुए शीशे की बूँदें कानों में टपक रही हैं। अनजानी कल्पनाओं के बीहड़ों को याद कर, भगवती की शिराओं में दौड़ता रक्त जैसे बर्फ़ के छोटे-छोटे टुकड़ों में बदल गए।

"हम तो जीते-जी मर गए। दो ही कम थीं जो एक और आ मरी!" भगवती की इस तरह साँस चढ़ने लगी मानो एक लम्बी रेगिस्तानी यात्रा तय करके आई हो।

"मैंने तो गार्गी के बाद ही कहा था कि अब बस भी करो, पर मेरी बात किसी ने सुनी हो तब न।" दशरथ ने निराशाभरे भाव से कहा।

"मुझे क्या पता था कि ये सारे पत्थर हमारे ही भाग में लिखे हुए हैं।"

"अब भी कुछ नहीं बिगड़ा है, मेरी बात मान लो। इतनी महँगाई में तीन-तीन लड़कियों की परवरिश ऐसे ही नहीं होती है। यह तो शुक्र मनाओ कि हमारी बच्चियाँ पढ़ने-लिखने में तेज हैं। अगर ये भी उग्रसेन के पोतों की तरह नालायक होतीं, तो सोच हमारी क्या हालत होती।"

भगवती ने पति की बात पर किसी तरह की प्रतिक्रिया व्यक्त नहीं की।

"अरे, जिनके चार-चार हीरे हैं उनकी हालत जाके देख? वे कितने दुखी हैं?"

"वे क्यों दुखी होने लगे? सब कुछ अच्छा-भला तो है?" भगवती ने जिज्ञासावश पूछा।

"खाक अच्छा है। सब एक-से-एक नालायक हैं। अब तो उग्रसेन भी बहुत दुखी रहते हैं। एक दिन तो बोला कि यार दशरथ, तुम लोग बड़े नसीबवाले हो कि..."

"ऐसा क्या हो गया जो वे हमारे नसीब की बड़ाई करने लगे?" भगवती ने बीच में बात काटते हुए पूछा।

"बोला कि तुम बड़े नसीबवाले हो जो घर में दो-दो पोतियाँ हैं। मेरी तो ऊपरवाले से यही दुआ है कि इस बार भी तुम्हारे घर में पोती ही हो।"

"यह भी कोई दुआ हुई! भला खुद तो लड़कों के लिए दुनियाभर के मंदिर-मजारों पर सीस नवाते घूमो, और दूसरों के लिए लड़कियों की दुआ करो।"

"मैं यही तो बताने जा रहा हूँ। कह रहा था कि भई लोग कुछ भी कहें मगर मेरा कहना है कि बिना बेटियोंवाला घर, घर नहीं सफेदे का पेड़ होता है, जिस पर तो परिंदे भी आकर नहीं बैठते हैं।"

"क्यों, ऐसा क्या हो गया जो अब इन्हें बिना बेटियों का घर सफेदे का पेड़ नजर आने लगा? इन्हें तो बड़ा गर्व था अपने इन रत्नों पर?" भगवती के चेहरे पर पुता तनाव पहली बार कुछ हल्का हुआ।

"तुझे पता नहीं? सिया के संग पढ़नेवाले दोनों पोतों को उग्रसेन ने अपने जमीन बेचने-खरीदने के धंधे में लगा दिया है। गार्गी के साथ पढ़नेवालों में से एक बड़ी मुश्किल से पास हुआ, जबकि दूसरा तो फेल ही हो गया।"

"तो इसमें कौन-सी बड़ी बात है। फेल-पास तो लगा रहता है। इसका मतलब यह तो नहीं है कि बच्चों को पढ़ाओ ही मत...और जब सारे ही बच्चे पास हो जाएँगे, तो फिर कोई फेल भी तो होगा?" भगवती ने तर्क दिया।

"यह बात तेरी ठीक है मगर खाली पास होने से भी तो आज के ज़माने में काम चलता नहीं न। और फिर आदमी पढ़ा भी ले, पर बच्चा भी तो पढ़ने वाला हो। बड़े-बड़े परसेंटवालों को तो आसानी से दाखिला मिलता नहीं है। आजकल इतनी मारा-मारी है कि पचास-पचपन परसेंटवालों को कोई पूछता तक नहीं है। हमारी सिया ने वकालत वाले कोर्स में टेस्ट दे जरूर दिया है, पर इसकी कोई गारंटी नहीं है कि उसका नम्बर आ ही जाएगा। सुनते हैं कुछ सौ दाखिले के लिए दुनियाभर के बच्चे टेस्ट में बैठते हैं।"

"ऐसा मत कहो। हमारी सिया जरूर पास होगी।" दशरथ की इस आशंका पर भगवती की आवाज़ बैठती चली गई।

"दरअसल, उग्रसेन के दुखी होने की एक और वजह है, जिसे सुनकर मुझे भी लगा कि वह ठीक कह रहा है। कह रहा था कि बात-बात पर जिस तरह उसके पोते आपस में गाली-गलौज करते हैं, उससे पूरे घर को नरक बनाकर रखा हुआ है। न कोई छोटे की लिहाज, न किसी बड़े की शरम। किसी की जबान पर कोई काबू नहीं है। एकाध लड़की होती तो कम-से-कम बातचीत तो सोच-समझ कर करते।"

"यह बात वे सही कह रहे हैं। घर में लड़की होने से इन मर्दों की जबान पर कंट्रोल तो रहता है।"

"एक बार तो उग्रसेन की आँखें भर आईं। बोला, दशरथ क्या बताऊँ। हर काम के लिए दस बार कहना पड़ता है। मैं तो जब देखो तुम्हारे घर से तुम्हारी पोतियों को बस यही कहते हुए सुनता हूँ—आई दादाजी...आई अम्माँ। ऐसा लगता है जैसे तुम्हारे घर में लड़कियाँ नहीं, चिड़ियों का छोटा-सा झुंड वास करता है। जब देखो इधर-से-उधर फुदकती रहती हैं।"

"यह बात तो सही है। एक आवाज में हमारी पोतियाँ सामने खड़ी मिलती हैं।" फिर कुछ पल रुककर भगवती बोली, "मुझे नहीं पता था कि इनके घर का ऐसा माहौल है। वैसे एक बात कहूँ, ये हैं भी इसी धंधे के लायक। इसमें ऐसे ही मवालियों की जरूरत होती है।"

"और आखिर में उसने जो बात कही, उसे सुनकर मेरी तो आत्मा जैसे भीजती चली गई।"

"ऐसी क्या बात कह दी उन्होंने?"

"बोला कि दशरथ, अब पता चल रहा है कि जिस घर की दरो-दीवारें लड़कियों की कूक से गूँजती रहती हैं, उस घर को दुनिया का खुशनसीब परिवार क्यों कहा जाता है।"

दशरथ ने अपनी बात अभी पूरी ही की थी कि उसके कानों में हाल में जन्मी नन्ही कोयल की कूक गूँजने लगी।

सुनकर एक बार तो भगवती इसे अनसुना कर गई। मगर अगले ही पल उसे अपने सामने कुर्सी पर आँखें मूँदकर बैठे, पाते दशरथ को कही गई उग्रसेन की बातें याद आ गईं। जिस नन्हे रुदन को सुनकर भगवती कुछ पल पहले अच्छे-बुरे विचारों और कल्पनाओं से घिर-घिर जाती थी; अब यह रुदन, रुदन नहीं कानों में टपकती शहद की छोटी-छोटी बूँदें लग रही हैं।

सिया ने राष्ट्रीय विधि विश्वविद्यालय द्वारा आयोजित अखिल भारतीय विधि प्रवेश परीक्षा के अन्तर्गत, पाँच वर्षीय बी.ए.एल.एल.बी. एकीकृत

डिग्री में प्रवेश के लिए जो परीक्षा दी थी, उसमें वह उत्तीर्ण हो गई। उत्तीर्ण ही नहीं हुई बल्कि उसका नम्बर अपने शहर के निकट स्थित विधि विश्वविद्यालय के कैम्पस में भी आ गया।

जिस दिन प्रवेश परीक्षा का परिणाम घोषित हुआ और जैसे ही मोहल्ले को यह पता चला कि सिया का दाख़िला बी.ए.एल.एल.बी. में हो गया है, उसी दिन से उसे वकील साब कहना शुरू कर दिया।

शाम को जब दशरथ और भगवती खाना खा रहे थे, तभी भगवती को खाना खाते-खाते अचानक जैसे कुछ याद आ गया।

"मुझे तो उस दिनवाली बात आज याद आ रही है।"

"किस दिनवाली?" हाथ के निवाले को थोड़ा रोकते हुए पूछा दशरथ ने।

"वही, जब इसका बारहवीं का रिजल्ट आया था और दुर्गा इसे बधाई देने आई थी। दुर्गा ने इससे ऐसे पूछा कि सिया बेटी, अब आगे क्या करने का इरादा है? तब पता है इसने क्या कहा था, कहा था कि अम्माँ, एल.एल.बी. करूँगी। इस पर दुर्गा नैन मटकाते हुए हम सब पर तीर छोड़ते बोली थी, "अच्छाऽऽऽ तो इसे जज बनाओगी!"

"क्या, उसने ऐसा कहा था?" भगवती की बात सुन इस बार दशरथ का हाथ हवा में जहाँ था, वहीं रुक गया। उसकी समझ में नहीं आ रहा है कि वह इस पर किस तरह की प्रतिक्रिया दे। एक क्षण रुकने के बाद, न जाने क्या सोचते हुए वह फिर से खाना खाने लगा।

5

उग्रसेन का घर डंठलों से भरे जंगल में बदल गया। लगने लगा घर में पुरुष नहीं, जगह-जगह पल्लवविहीन सूखे ठूँठ उग आए हैं। जबकि दूसरी तरफ दशरथ का घर पूरे-पूरे दिन जैसे चिड़ियों के नाद से चहचहाता रहता है। कई बार दुर्गा मन-ही-मन सोचती है कि एक-एक कर जब भगवती के आँगन से ये चहकती चिड़ियाँ उड़ जाएँगी, तब उसका घर कैसे एक बियाबान में बदल जाएगा? सन्नाटेभरे सूने घर में भगवती-दशरथ की लरज़ती आवाज़ पर कौन दौड़ा हुआ आएगा? सही कहती थी उसकी अम्माँ कि बेटियों का क्या, वे तो सूप में पड़े पराये दानों की तरह होती हैं। ज़रा-सी फटकन पर ये उड़कर कब, कहाँ चली जाती हैं, पता ही नहीं चलता।

अब तो दुर्गा को भगवती के घर की कॉल बेल की आवाज़ से पता चल जाता है कि दरवाज़े पर यह कौन होगा। उसकी आवाज़ से ही वह अनुमान लगा

लेती है कि दरवाज़े पर सिया खड़ी है या गार्गी। गार्गी होगी या सबसे छोटी बुलबुल। जिस दिन यह चिर-परिचित आवाज़ उसके कानों में नहीं पड़ती है, उस दिन उसका मन बेचैन हो उठता है।

भगवती का ही घर क्यों? किसी काम से इनमें से कोई उसके घर आती है, तो उसके कान अपने मुख्य द्वार पर लगी कॉल बेल की अदृश्य आवाज़-भर से पहचान लेती है कि दरवाज़े पर कौन होगा। अपनी दादी के कानों द्वारा इनकी आवाज़ पहचानने पर सबसे ज्यादा हैरानी उसके सबसे छोटे पोते विभोर को होती है। उसकी दादी कैसे यह जान लेती है कि दरवाज़े पर कौन आया?

विभोर एक बार नहीं कई बार आजमा चुके हैं कि जैसे ही उनके घर की कॉल बेल बजती है, उसकी दादी पहले ही यह बता देती है कि बाहर कौन खड़ी है।

उस दिन भी ऐसा ही हुआ। दोपहर को जैसे ही कॉल बेल बजी, दुर्गा अपने पास बैठे अपने पोते विभोर से बोली, "विभोर, बेटा गेट खोलकर आ! गार्गी आई है।"

विभोर ने बाहर जाकर जैसे ही गेट खोला, उसे देखकर हैरानी हुई कि गेट पर सचमुच गार्गी खड़ी हुई है। विभोर से नहीं रहा गया और अपनी दादी से आख़िर उस दिन पूछ ही लिया, "दादी, आपको यह कैसे पता चल जाता है कि घंटी किसने बजाई है?"

विभोर ने जिस अप्रत्याशित ढंग से पूछा, दुर्गा की समझ में कुछ नहीं आया कि वह पोते को क्या जवाब दे।

"दादी बताओ न! आपको कैसे पता चल जाता है कि कौन आया है? परसों भी जब आपने कहा था कि विभोर गेट खोलना गार्गी आई हुई है और मैंने जाकर गेट खोलकर देखा, तो पाया सचमुच बाहर गार्गी दीदी खड़ी हुई है।" विभोर ज़िद करने लगा।

"मुझे उनके हाथों की छुअन से पता चल जाता है।" दुर्गा ने मुस्कराते हुए विभोर को उत्तर दिया।

"यह कैसी छुअन हो गई दादी?"

"बेटियों के हाथों की ऐसी ही छुअन होती है।"

"और बेटों की कैसी होती है?"

दुर्गा ने विभोर को कोई उत्तर नहीं दिया। बस, मुस्कराकर रह गई।

विभोर की समझ में कुछ नहीं आया। इसके बाद तो विभोर के लिए अब यह एक खेल हो गया। जैसे ही घर की कॉल बेल बजती, वह गेट खोलने से पहले यह पूछना नहीं भूलता कि दादी कौन आया है। उसे सबसे अधिक इस बात पर

हैरानी होती कि अगर सिया, गार्गी या बुलबुल इनमें से कोई होती है, तो उसका नाम बता देती है, वरना उनकी दादी यह कहकर पीछा छुड़ा लेती, "मुझे क्या पता। होगा कोई और।"

पिछले कई दिनों से दुर्गा के कान अपने ही घर की कॉल बेल नहीं, बल्कि भगवती के घर की एक कॉल बेल की आवाज़ सुनने के लिए बेचैन हो उठे। शाम को जब उससे रुका नहीं गया तब वह भगवती के घर ही पहुँच गई। अधखुले गेट से अन्दर आती दुर्गा को भगवती ने दूर से देख लिया। इससे पहले कि दुर्गा आवाज़ लगाती, भगवती ने आवाज़ देकर बुला लिया।

"भगवती, गार्गी आजकल स्कूल नहीं जाती है क्या?" दुर्गा ने जाते ही पूछा।

"जाए तो तब, जब उसकी हालत ठीक हो!" भगवती ने दुखी मन से कहा।

"हालत! उसकी हालत को क्या हुआ?" दुर्गा ने हैरान होते हुए पूछा।

"वह तो कई दिनों से बीमार है। अभी भी चारपाई पर पड़ी है।"

"ले, बच्ची कई दिनों से बीमार है और तूने खबर तक नहीं की। वैसे वह है कहाँ?"

"ऊपर अपनी माँ के पास है।" इतना कह भगवती दुर्गा को लेकर ऊपर यानी पहली मंज़िल पर रह रहे बलवंत के पास पहुँच गई।

सचमुच गार्गी को देख दुर्गा व्यथित हो उठी। दुर्गा ने गार्गी के ऊपर पड़ी चादर को उघाड़कर देखा। कुछ पल ध्यान से देखने के बाद बोली, "भगवती, इसे तो खसरा है।"

"खसरा?" भगवती ने घबराते हुए पूछा।

"क्यों, बदन पर निकले ये दाने नहीं बता रहे हैं!"

"मैं तो समझ रही थी कि गर्मी की वजह से घमोरियाँ निकल रही हैं।" भगवती ने जवाब दिया।

"ना, यह तो पक्का खसरा है।" इसके बाद दुर्गा रेवती की तरफ पलटी, "बहू, सबसे पहले एक काम कर! बाहर अपने गेट के ऊपर कहीं से छोटी-सी नीम की टहनी लाकर बाँध दे! तीन पाव या सवा सेर गेहूँ एक तरफ उठाके रख देना। ऐसा करना, सुबह नीम की टहनी से बदन पर पानी के छींटे मारकर इसे नहला देना। जब खसरा ढल जाए, तो जो गेहूँ उठाकर रखेगी न, उसके या तो पुए उतार लेना या फिर गली में जो झाड़ू लगानेवाली जमादारनी आती है, उसे दे देना। वैसे मेरी मानो तो इसे तुरन्त डाक्टर को दिखाओ। डाक्टर के दवा दिए बिना यह पूरा नहीं निकलेगा। देर मत करो।" दुर्गा ने चिन्तित होते हुए कहा।

"ठीक है, इसे शाम को डाक्टर के पास भिजवाती हूँ।"

"हुँ, भिजवाती हूँ! अब तक तो भिजवा देना चाहिए था।" दुर्गा भगवती को हल्के-से डाँटते हुए आगे बोली, "लड़की है न इसलिए लापरवाही बरत रही

हो। लड़का-सा होता तो अब तक सारे डाक्टरों के चक्कर लग चुके होते। सही कही है किसी ने कि लड़कियाँ तो भगवान भरोसे ही पलती हैं।"

"ना दुर्गा, ऐसी कोई बात ना है।" भगवती सफ़ाई देने लगी।

"भगवती, उनसे जाकर पूछो जिनके लड़कियाँ नहीं हैं। अब हमारे यहीं देख लो। सारी की सारी कौरवों की फौज पैदा हो गई। मैं तो ऊपरवाले से रात-दिन यही बिनती करती रहती हूँ कि बस हमें एक पोती दे दे।" कहते-कहते दुर्गा का चेहरा उदासी से पुतता चला गया।

भगवती ने कुछ नहीं कहा। इसके बाद दोनों नीचे आ गईं। घर आने के बाद दुर्गा देर तक बेचैन और परेशान-सी रही।

जब तक गार्गी पूरी तरह स्वस्थ नहीं हो गई, वह निरंतर उसका हाल जानने के लिए भगवती के घर जाती रही। और एक दिन जैसे ही उसके गेट की कॉल बेल बजी, वह तेज़ी-से उठी और ख़ुद जैसे उसके स्वागत के लिए लपककर गई। कॉल बेल की आवाज़ सुन उसे भाँपते हुए एक पल भी नहीं लगा कि बाहर दरवाज़े पर कौन होगी।

दुर्गा का अनुमान पूर्व की भाँति एकदम सही निकला।

"अम्माँ, मैं पाछ हो गई हूँ।" गेट खुलते ही दुर्गा के कानों में मानो मिसरी की नन्ही-नन्ही मीठी डलियाँ-सी घुलती चली गईं।

"पाछ हो गई है तो मुँह मीठा कलाने के लिए कुछ लाई भी है, या ऐछे ही मटकती हुई खाली हाथ चली आई है?" दुर्गा ने हवा में हाथ नचाते हुए लाड़ से कोंचा।

"लाई हूँ न।"

इतना सुन दुर्गा ने अपने सामने खड़ी मिसरी की डली यानी बुलबुल के चारों तरफ ध्यान से देखा। मगर उसे ऐसा कुछ नज़र नहीं आया, जिससे यह अनुमान लगाया जा सके कि वह क्या लाई है।

"ठीक है। ला, क्या लाई है, करा मुँह मीठा!"

"पहले मुँह तो खोलो!"

दुर्गा ने जैसे ही मुँह खोला, बुलबुल ने चुपचाप बड़ी सफ़ाई से अपने फ्रॉक में छिपाकर लाई, टॉफ़ी निकाली और उसे गप्प से दुर्गा के मुँह में डाल तेज़ी से भागकर अपने अधखुले गेट में घुस गई। जब तक दुर्गा के कुछ समझ में आता बुलबुल वहाँ से नौ-दो ग्यारह हो चुकी थी। दुर्गा ने चुपचाप गेट बन्द किया और मुँह में बुलबुल द्वारा दी गई टॉफ़ी को डाल, मन-ही-मन मुस्कराते हुए अन्दर चली आई। देर तक उसे अपने मुँह में टॉफ़ी की मिठास नहीं, एक मासूम मिठास के घुलने का एहसास होता रहा। यह मिठास तब और बढ़ जाती जब उसे कालकंठ-सी फुदकती बुलबुल कहीं नज़र आ जाती।

6

उग्रसेन के छोटे बेटे अभय को कॉलोनी छोड़े अभी दो साल भी नहीं हुए कि पता चला उसका बड़ा बेटा नागदत्त भी इस कॉलोनी को छोड़ने की तैयारी में है। जैसे-जैसे यह ख़बर कॉलोनी में फैलने लगी, वैसे-वैसे पूरी कॉलोनी ने जैसे राहत की साँस ली। सबसे ज्यादा चैन की साँस मोहल्ले के उन वृद्धों ने ली, जिनका उग्रसेन के पोतों की तेज़ गति से अंधाधुंध दौड़ती रॉयल एनफ़ील्ड मोटरसाइकिल के साइलेंसर से चिंगारियाँ उगलते शोर ने जीना हराम किया हुआ था। इनके बाद उन घरों के माँ-बाप ने मन-ही-मन अपने आराध्यों का धन्यवाद दिया, जिन घरों की जवान होती बेटियों का अपने ही मोहल्ले से गुज़रना दूभर हो गया था।

दशरथ को भी इसके बारे में पता लगा। उसने भगवती को यह ख़बर सुनाई। भगवती ने सुनकर पहले एक ठंडी साँस ली। इसके बाद बोली, "चलो अच्छा हुआ। कम-से-कम इन दुशासनों से मोहल्ले को तो मुक्ति मिल जाएगी। वैसे मुझे बताना तो नहीं चाहिए, पर आपको बता रही हूँ। एक दिन सिया भी मुझसे कह रही थी कि अम्माँ रोहन भैया मुझे कुछ ठीक नहीं लगता।"

"क्या मतलब?" दशरथ ने हैरानी के साथ पूछा।

"कह रही थी कि मैं जब कोलेज जाती हूँ तो मुझे घूर-घूर कर देखता रहता है।"

दशरथ ने जवाब में कुछ नहीं कहा। फिर थोड़ी देर चुप रहने के बाद बोला, "मैंने भी कई लोगों से सुना है कि कॉलोनी के साथ-साथ अब इनकी नजर अपने ही मोहल्ले की लड़कियों पर रहने लगी है। कुछ ने तो उग्रसेन को इसके बारे में शिकायत भी की है।"

"तभी तो एक दिन दुर्गा कह रही थी कि सारी की सारी कौरवों की फौज मेरे ही घर में पैदा हो गई। मैं तो ऊपरवाले से रात-दिन यही बिनती करती रहती हूँ कि बस हमें एक पोती दे देता।" भगवती ने बताया।

"सबसे ज्यादा खराब नागदत्त का बड़ा लड़का रोहन है। उसके चाल-चलन की तो पूरे मोहल्ले में चर्चा है।"

"अभय के दोनों लड़के अमित और विजय भी कम नहीं हैं।" भगवती बोली।

"वैसे सुना है नागदत्त भी यहाँ से जाने की फिराक में है। आए दिन माँ-बाप से कहा-सुनी होती रहती है।"

भगवती कुछ नहीं बोली।

नागदत्त के जाने को लेकर तरह-तरह की चर्चाएँ हवा में तैरने लगीं। कुछ का कहना है कि ज़रूर नागदत्त के बेटों ने कोई बड़ा कांड किया है, तो कुछ का मानना है कि प्रॉपर्टी के धंधे में नागदत्त ने इतना पैसा कमा लिया है कि यह कॉलोनी अब

उसके लायक नहीं रही। जो भी बात रही हो, पर इतना ज़रूर है कि नागदत्त के इस मोहल्ले से जाने की इस ख़बर ने मानो पूरे मोहल्ले को बचा लिया।

जिस दिन नागदत्त ने मोहल्ला छोड़ा उस दिन पूरा मोहल्ला जैसे उन्हें विदा करने के लिए अपने-अपने घरों से बाहर निकल आया। नागदत्त के जाने के बाद पूरे मोहल्ले के जैसे जान में जान आई। मोटरसाइकिल की जो गड़गड़ाहट समय-असमय मोहल्ले की शान्ति को भंग किए रहती थी, वह नहीं रही।

इधर नागदत्त ने मोहल्ला छोड़ा उधर दुर्गा के पास जो ख़बर आई, उसे सुन वह दौड़ी हुई भगवती के घर पहुँच गई।

"गार्गी, बधाई हो बेटी!" जाते ही बोली दुर्गा।

सुनते ही गार्गी के दोनों गालों के छोटे-छोटे ताल जैसे गड्ढे गहराते चले गए। चेहरा सुर्ख होता चला गया। जबकि भगवती की आँखों के सामने एकाएक कल्पनाओं के अनगिनत चित्र उभरते चले गए।

"सिया तो बन जाएगी वकील और तू क्या बनेगी?" दुर्गा ने मुस्कराते हुए पूछा।

"कह रही है कि मैं तो डाक्टर बनूँगी। रात-दिन जब देखो उसी के इम्तहान की तैयारी में लगी रहती है।" गार्गी के बजाय जवाब भगवती ने दिया।

"इसने कह दिया और बन गई डाक्टर। कोई लूट मची हुई है कि कोई भी डाक्टर बन जाए! मैंने तो सुना है कि डाक्टरी के दाखिले के लिए कोई बड़ा इम्तहान पास करना होता है?"

"अगले महीने मई में है न। हमें पता ही नहीं और अपने बाप से डेढ़ हजार रुपए लेकर इसने दीवाली के बाद उसका फोरम भर भी दिया।"

"भगवती, तेरी पोतियाँ तो बड़ी चंट हैं।" इसके बाद दुर्गा के चेहरे पर छोटी-सी उदासी की परत चढ़ गई, जिसे वह एक निश्छल मुस्कराहट में बदलते हुए बोली, "एक बात कहूँ भगवती, तू है बड़ी नसीबवाली जो ऐसी हीरे जैसी पोतियाँ मिली हैं। जरूर तूने पिछले जनम में मोती दान किए हैं।"

इस बार भगवती ही नहीं सिया की माँ रेवती की आँखें भी मारे गर्व के चमक उठीं।

"वैसे इसका रिजल्ट कब आएगा?"

"जून के शुरू में आने की उम्मीद है।" इस बार गार्गी ने उत्तर दिया।

"चलो, डाक्टर बन जाएगी तो अपनी गार्गी कम-से-कम हारी-बीमारी में काम तो आ जाएगी।" इतना कह दुर्गा गार्गी की तरफ पलटी, "देख गार्गी, कान खोल के एक बात सुन ले, मैं नहीं देने वाली तुझे कोई फीस-वीस!"

"अम्माँ, पहले कुछ बनने तो दे।" शरमाते हुए गार्गी ने कहा।

"जरूऽऽऽर बनेगी।" इसके बाद दुर्गा जैसे आगत की किसी घाटी में उतरती चली गई।

दशरथ और भगवती का घर अचानक जैसे उम्मीदों के किसी अथाह सागर में तब्दील होता चला गया। परिवार का हर सदस्य थोड़ी देर के लिए अपनी-अपनी आशाओं के पतवार में हिचकोले लेने लगा। सबको लगा जैसे अपनी गति से चल रही उनकी नब्ज़ पर गार्गी की अँगुलियों के नर्म पोर टिके हुए हैं।

जून की आग बरसाती धूप और लू के थपेड़ों ने जैसे छोटे-छोटे तालों के कंठ सोख लिये। मारे प्यास के परिंदों के हलक़ में मानो काँटे चुभने लगे। अभी तो यह जेठ माह की शुरुआत है। अगर कुछ दिनों में दौंगरे नहीं पड़े, तो आगे यह भीषण गर्मी क्या कहर ढाएगी, आसानी से इसकी कल्पना की जा सकती है। अकेला एक गुलमोहर है जो इस प्रचंड गर्मी में भी ठाठ से मुस्कराता रहता है। बल्कि जितना उसकी देह पर लू के थपेड़ों का प्रहार बढ़ता जाता है, उसकी मुस्कराहट और फूलों की खिलखिलाहट बढ़ती चली जाती है।

लू के थपेड़ों और आग की किसी भट्ठी की तरह निकलने वाले इन झोंकों से अगर कोई बेख़बर है, तो वह है गार्गी। उसकी तो साँस मेडिकल के लिए राष्ट्रीय पात्रता व प्रवेश परीक्षा अर्थात् नीट के अन्तर्गत दी गई परीक्षा के परिणामों में अटकी हुई है, जिसके नतीजे आगामी सोमवार को घोषित होने की सम्भावना है। उसे तो न खाने की सुध है, न पीने की। पूरी-पूरी रात छत पर बिछी चारपाई पर लेटे हुए, तारों को निहारते हुए बीत जाती है। बल्कि जिस दिन से उसे पता चला है कि आने वाले सोमवार को परिणाम घोषित होने वाला है, वह रोज़ शिवालय में सुबह-सुबह जल चढ़ाने पहुँच जाती है। दशरथ से पोती की यह दीनता नहीं देखी गई। परिणाम घोषित होने से एक दिन पहले रविवार की सुबह,जैसे ही वह जल का लोटा लेकर शिवालय जाने लगी, दशरथ ने उसे टोक दिया।

"गार्गी, बेटी इधर आना!"

गार्गी लोटे समेत अपने दादा के पास आ गई।

"इधर बैठ मेरे पास!"

गार्गी चुपचाप अपने दादा के पास चारपाई पर आकर बैठ गई।

"देख बेटी, धार्मिक होने में कोई बुराई नहीं है लेकिन अगर तू यह जल केवल परीक्षा में पास होने के लिए चढ़ाने जाती है, तो इसका मतलब यह हुआ कि तुझे अपने ऊपर और अपनी काबिलियत पर भरोसा नहीं है।" दशरथ ने पोती के सिर पर अपनी ज़र्फ़ अँगुलियाँ फेरते हुए कहा।

"नहीं दादाजी, ऐसी कोई बात नहीं है।" गार्गी ने टालते हुए जवाब दिया।

"क्यों, पहले तो मैंने तुझे कभी शिवालय जाते हुए नहीं देखा। अभी पिछले कुछ दिनों से देख रहा हूँ। देख, मैं ऐसा करने से रोक नहीं रहा हूँ लेकिन मेरी एक

बात ध्यान से सुन,आदमी को पाठ-पूजा या इबादत से पहले, अपने ऊपर भरोसा होना चाहिए। धर्म आदमी को सिर्फ़ अनुशासन पर चलना सिखाता है। सफलता तो उसे अपनी प्रतिभा और मेहनत के बल पर ही मिलती है।"

जवाब में गार्गी कुछ नहीं बोली।

"ठीक है, धार्मिक होना आदमी का निजी मामला है और होना भी चाहिए। मगर यह भी सच है कि विज्ञान बहुत-सी बातों को नहीं मानता है। इसीलिए विज्ञान और धर्म के बीच आपस में थोड़ी-बहुत नोक-झोंक चलती रहती है। आदमी का धर्मभीरु होने का मतलब यह नहीं है कि उसकी तार्किकता और समझ ही कुंद हो जाए। आखिर डाक्टरी और पुरोहिताई, मेरा मतलब है कर्मकांड और विज्ञान में कुछ तो फर्क होना चाहिए।"

"अगर एक डॉक्टर पुरोहिताई कर रहा है, तो उसमें बुराई क्या है दादाजी? आखिर है तो दोनों एक व्यक्ति द्वारा किया गया कर्म ही न?"

"बिलकुल कर सकता है। यह डाक्टर की निजी आस्था का मामला है। मैं यहाँ दूसरी बात कह रहा हूँ, और वह यह कि जो परीक्षा तूने दी है उसकी तैयारी मेडिकल साइंस के प्रश्नों के आधार पर की है। इन प्रश्नों का उत्तर देना तुझे सिखाया होगा। अगर उन प्रश्नों के उत्तर सही दिए होंगे तो तू परीक्षा में उत्तीर्ण हो जाएगी और गलत दिए होंगे, तो वे जल चढ़ाने से सही नहीं हो जाएँगे। गलत सवालों को कोई देवी-देवता या कोई ईश्वर-खुदा जल चढ़ाने, पूजा करने या इबादत करने से तो सही नहीं कर देगा?"

गार्गी की समझ में कुछ नहीं आ रहा है कि उसके दादा कहना क्या चाहते हैं। उसके कुछ ज्यादा पल्ले नहीं पड़ा। इधर दशरथ को लगा कि वह बे-वजह गार्गी से तर्क-वितर्क कर रहा है। इसलिए हँसते हुए बोला, "जा, चढ़ा आ जल! आज और कल की बात और है। कहीं ऐसा न हो कि मेरे चक्कर में तू जल चढ़ाने न जाए और कुछ गड़बड़ हो गई तो सारा ठीकरा मेरे सिर पर फूटेगा।"

गार्गी को अपने दादा की बात ठीक लगी। वैसे भी दो ही दिन की तो बात है। कहीं ऐसा न हो कि वह शिवालय में जल चढ़ाने न जाए और सचमुच कुछ गड़बड़ हो गई तो...यही सोचते हुए वह शिवालय की तरफ बढ़ गई।

गार्गी को पूरी रात नींद नहीं आई। बीच-बीच में आती भी तो एक अजीब-सी उद्विग्नता के चलते आँखें फिर खुल जातीं। मुश्किल से रात के तीसरे पहर नींद आई और ऐसी आई कि सुबह जब उसकी नींद खुली तो पाया सात बज चुके हैं। वह हड़बड़ाते हुए बिस्तर से उठी और सीधे स्नानगृह में घुस गई। जल्दी-जल्दी उसने स्नान किया। स्नान करने के बाद उसने लोटे को जमकर

माँजा। इसके बाद उसने उसमें ताज़ा जल भरा और जैसे ही शिवालय जाने लगी, न जाने कहाँ से एक बिल्ली बड़ी तेज़ी-से आई और उसका रास्ता काटकर न जाने कहाँ ग़ायब हो गई।

गार्गी का दिल एक पल के लिए इस अपशकुन को देखकर धक से रह गया। पाँव जैसे ज़मीन से चिपक गए। उसने आँखों को धीरे-से बन्द किया। होंठों-ही-होंठों में न जाने क्या बुदबुदाया। बग़ल के कमरे में अख़बार पढ़ रहा दशरथ इस पूरे दृश्य को काफ़ी देर से निहार रहा था। गार्गी को देखकर उसकी हँसी छूट गई। गार्गी के कानों में जैसे ही किसी के हँसने की आवाज़ पड़ी और जैसे ही उसने पलटकर देखा, तथा उसे पता चला कि उसके दादा उसे देख रहे हैं, वह झेंपती चली गई।

"गार्गी, बेटी अब तो बिल्ली तेरा रास्ता काट गई। अब क्या होगा?" दशरथ ने पोती को कोंचते हुए पूछा।

"दादाजी, इस बिल्ली को भी आज ही रास्ता काटना था।" गार्गी ने निराश होते हुए उत्तर दिया।

"उसे क्या पता था कि तू उसके सामने आ जाएगी। अगर पता होता कि उसके रास्ता काटने से तेरा कोई अनर्थ हो जाएगा, तो वह अपना रास्ता बदल लेती।" दशरथ पहले हल्के से मुस्कराए और फिर एकाएक गम्भीर होते हुए बोले, "ये सब टोटके आदमी ने खुद बनाए हुए हैं। इनसे कुछ नहीं होता। अब बता, ये बेचारे पशु-पक्षी कहाँ जाएँ। जा, अपना जल चढ़ाकर आ! बिना मतलब इन टोने-टोटकों के चक्कर में मत पड़।"

अपने दादा की बात सुन गार्गी आगे बढ़ी ही थी कि दशरथ ने पीछे से टोका, "अच्छा सुन, आज तो तेरा वो रिजल्ट भी आने वाला है?"

"जी दादाजी।" गार्गी समझ गई कि उसके दादा नीट के परिणाम की बात कर रहे हैं।

"तभी मैं कहूँ कि मेरी गार्गी इस बिल्ली के रास्ता काटने से क्यों इतनी परेशान हो गई। जा, ऐसे शकुन-अपशकुन से कुछ नहीं होता।" इतना कह दशरथ फिर से अख़बार पढ़ने लगा।

शिवालय से आने के बाद गार्गी सिया के पास आई और उससे बोली, "दीदी, अपना लैपटॉप तो देना!"

सिया समझ गई कि गार्गी किसलिए उसका लैपटॉप माँग रही है। इसलिए सिया ने जवाब दिया, "मैं तुझसे पहले देख चुकी हूँ। रिजल्ट दस बजे अनाउंस होगा।"

"दस बजे?" गार्गी ने दीवार पर टँगी घड़ी की तरफ देखा और फिर अपनी बड़ी बहन सिया को सुनाते हुए बोली, "अभी तो साढ़े नौ ही बजे हैं।" दस बजे का नाम सुन गार्गी की धड़कनें बढ़ गईं।

गार्गी इसके बाद कहीं नहीं गई। वहीं सिया के पास ही बैठ गई। समय काटने

के लिए वह लैपटॉप से खेलने लगी। इस बीच जैसे ही दस बजे उसने नीट की वेबसाइट खोलनी चाही, देर तक वह नहीं खुली। खुली भी तो पता चला परिणाम बारह बजे आना है। गार्गी ही नहीं पूरे घर की चहल-पहल जैसे अचानक थम-सी गई। जिसे देखो वही सिया के लैपटॉप को निहारता नज़र आ रहा है। पूरे घर की बेचैनी सिया के लैपटॉप के इर्द-गिर्द सिमट गई। लेकिन इसी बीच अचानक वेबसाइट पर साढ़े ग्यारह बजे यह घोषणा हुई कि अब दोपहर बाद चार बजे परिणाम घोषित होगा। गार्गी की जैसे हालत ख़राब हो गई। न कुछ खाना, न पीना। सुबह नाश्ते में जो खाया था, उसी के सहारे लैपटॉप के सामने मूर्ति बनी बैठी है। डेज़र्ट कूलर की ठंडक के बावजूद कमरे में जैसे उमस बढ़ गई। इस बीच दुर्गा भी दो-तीन बार आकर पूछ चुकी है।

"ओह शिट!" अचानक गार्गी के मुँह से निकला।

"क्या हुआ?" सिया ने चौंकते हुए पूछा।

"इस वेबसाइट को भी अभी हैंग होना था।" माथे पर चू आए पसीने को पोंछते हुए गार्गी ने उत्तर दिया।

"तो क्या हो गया। चल जाएगा थोड़ी देर में।" सिया ने अपनी छोटी बहन को तसल्ली देते हुए कहा।

लगभग एक बजे एनटीए अर्थात् परिणाम घोषित करने वाली संस्था नेशनल टेस्टिंग एजेंसी ने इसकी पुष्टि कर दी कि चार बजे के बाद कभी भी परिणाम घोषित हो सकता है। और जैसे ही सवा चार बजे नीट की वेबसाइट पर यह दिखाई दिया कि परिणाम घोषित हो गए हैं। परीक्षार्थी अपने परिणाम देख सकते हैं, लैपटॉप के की बोर्ड पर गार्गी की अँगुलियों के पोर तेज़ी से दौड़ने लगे। वह वेबसाइट के खानों में ज़रूरी सूचनाएँ भरने लगी। इस बीच मारे घबराहट और उद्विग्नता के उसके हाथ काँपने लगे। मगर ज़रूरी सूचनाएँ भरने के बावजूद गार्गी को अपना नाम कहीं नज़र नहीं आया।

काफ़ी देर से देख रही सिया अपनी छोटी बहन को डाँटते हुए बोली, "बेवकूफ, सिक्यूरिटी पिन तो भर!"

आकुलता और घबराहट के कारण गार्गी ने अपना रोल नम्बर और जन्मतिथि तो भर दिया मगर सिक्यूरिटी पिन भरना भूल गई। इस बार सिया के कहने पर जैसे ही गार्गी ने सही सूचनाएँ भरीं, पलक झपकते ही वेबसाइट का वह पृष्ठ खुल गया जिस पर गार्गी के नाम के साथ उसका परिणाम दर्ज था। गार्गी का नाम वेबसाइट पर उभरते ही दशरथ और भगवती का पूरा घर जैसे किलक उठा।

"अरे भई पास हो गई है, पर अभी यह तो देखने दो कि रैंक कौन-सा है।" सिया ने सबको चुप कराते हुए कहा।

"रैंक! इसका क्या मतलब हुआ?" भगवती ने उत्सुकतावश पूछा।

"अम्माँ, उसी से तो पता चलेगा कि इसको मेडिकल में एडमिशन मिलेगा या डेंटल में।"

"मैं कुछ समझी नहीं?" भगवती का उत्साह थोड़ा-सा ठंडा पड़ गया।

"ऐसा है अम्माँ कि इस परीक्षा में पास हुए बच्चों को दाँतों का डॉक्टर और असली डॉक्टर बनने के लिए एडमिशन मिलना है। इस बार पैंसठ हजार बच्चों को मेडिकल का डॉक्टर बनने के लिए और पच्चीस हजार बच्चों को दाँतों का डॉक्टर बनने के लिए दाखिला मिलना है।" सिया ने अपनी दादी को एकदम सरल तरीक़े से समझाने की कोशिश की।

"जिसमें भी मिले, हमें तो डाक्टर बनने से मतलब है। डाक्टर-डाक्टर सब बराबर। चल जल्दी कर, तू इसका वो देख उसे क्या कहते हैं...!"

"रैंक।" सिया ने अपनी दादी को याद दिलाया।

"हाँ देखा?" सिया ने इस बार गार्गी से पूछा।

"देख लिया।"

"कौन-सी है?"

"पाँच सौ चालीसवीं।" गार्गी ने बुझी-सी आवाज़ में कहा।

"क्या हुआ? गार्गी इतनी निराश क्यों हो गई?" इस बार दशरथ ने सिया से पूछा।

"इसमें इतना निराश होने की क्या बात है। यह तो बहुत अच्छी रैंक है,और फिर इसका तो काउंसिलिंग के बाद ही पता चलेगा कि तुझे किसमें एडमिशन मिलना है।" सिया ने गार्गी को तसल्ली देते हुए समझाया।

"रूपेश, बेटा इसका क्या मतलब हुआ?" दशरथ ने बराबर में खड़े अपने छोटे बेटे रूपेश की तरफ देखते हुए पूछा।

"वो क्या है बाऊजी कि रैंकिंग के हिसाब से बच्चों से उसकी इच्छा पूछी जाती है कि उसे मेडिकल में एडमिशन लेना है या डेंटल में। जैसे-जैसे सीटें भरती जाएँगी उसी हिसाब से बच्चे को उसकी बाकी बची सीटों में से उसे एडमिशन मिलता रहेगा। उसमें भी यह जरूरी नहीं है कि बच्चा जिस कॉलेज, संस्थान या यूनिवर्सिटी में चाहेगा उसको उसमें एडमिशन मिल जाएगा। यह देश के किसी भी कॉलेज में हो सकता है।" रूपेश ने काउंसिलिंग का मतलब बताते हुआ कहा।

"वैसे यह होगी कब?" दशरथ ने रूपेश से फिर पूछा।

"उन्नीस जून को है दादाजी।" चाचा रूपेश के बजाय अपने दादा को उत्तर देने के बाद सिया गार्गी की तरफ पलटी, "ऐसा है अब तू यह टेंशन लेना छोड़ और काउंसिलिंग की तैयारी कर। और सुन, काउंसिलिंग के लिए सारे डॉक्यूमेंट्स को सँभालकर रख लेना!"

सिया की हिदायत के बाद गार्गी काउंसिलिंग के दौरान ले जाने वाले दस्तावेजों को सबको सुनाते हुए पढ़ने लगी, "स्कोर कार्ड लिस्ट, नीट का एडमिट कार्ड,

हाई स्कूल और इंटरमीडिएट सर्टिफिकेट, बर्थ सर्टिफिकेट, पैन कार्ड, आधार, कुछ पासपोर्ट साइज कलर फोटो और...।"

"ऐसा करना, तसल्ली से एक बार और वेबसाइट पर जाकर पूरी डिटेल चेक कर लेना। अब इसे बन्द कर और जाके कुछ खा-पी ले!" रूपेश गार्गी को एक तरह से आदेश देते हुए बोला।

"चल, अपनी डाक्टर गौरैया को मैं अपने हाथों से खिलाऊँगी।" भगवती ने गार्गी को अंक में भरते हुए कहा।

गार्गी को जैसे ही उसकी दादी ने अंक में भरा गार्गी की रुलाई फूट पड़ी। भगवती की भीगी बाजुओं का घेरा अपने आप पोती के चारों तरफ कसता चला गया, "रेवती, मेरी गार्गी के लिए कुछ अच्छा-सा बनाकर ला!"

भगवती ने अभी अपनी बहू यानी गार्गी की माँ को निर्देश दिया ही था कि बाहर से दुर्गा की आवाज़ कानों में पड़ी, "भगवती!"

अपने नाम की आवाज़ सुन भगवती को अचानक जैसे कुछ याद आ गया, "ले विभोर की दादी को तो मैं यह खबर बताना ही भूल गई। सवेरे से कई बार आकर पूछ चुकी है।"

तब तक दुर्गा अन्दर चली आई।

"भगवती, क्या हुआ?" दुर्गा ने आते ही पूछा।

"आ जा, पास हो गई है।" भगवती ने मुस्कराते हुए बताया।

"पास हो गई है? मतलब गार्गी डाक्टरनी बन गई है?"

"बस, बन गई समझो।" भगवती की आँखों में जैसे भविष्य के असंख्य चित्र तिरमिराने लगे।

"लो, इतनी बड़ी खबर आई है और मुँह मीठा कराने का नाम नहीं।"

"बहू, दुर्गा का मुँह तो मीठा करा!" सामने खड़ी गार्गी की चाची जयंती को निर्देश देते हुए भगवती बोली।

सास का निर्देश सुन जयंती दूसरे कमरे में चली गई।

पूरे मोहल्ले में यह ख़बर कपास में लगी आग की तरह फैल गई कि गार्गी ने डॉक्टरी की परीक्षा पास कर ली है। इस तरह एक बार फिर दशरथ और भगवती के घर पर बधाई देनेवालों का ताँता लग गया। इस बीच कुछ नज़दीकी रिश्तेदारों को भी मोबाइल से इसकी सूचना दे दी गई। इसलिए बीच-बीच उनके भी बधाई सन्देश आने लगे। शाम तक रह-रह कर शुभकामनाओं और बधाई सन्देशों के चलते दशरथ का मोबाइल घनघनाता रहा। कभी बलवंत का मोबाइल खनखना उठता, तो कभी रूपेश का। कभी गार्गी का मोबाइल कूकने लगता, तो कभी सिया का मोबाइल किलक उठता।

7

जैसे ही यह सूचना मिली कि काउंसिलिंग में गार्गी का नम्बर घर से सैकड़ों मील दूर के मेडिकल कॉलेज में आया है, दशरथ का पूरा घर एक अबूझ-सी ख़ुशी भरी उदासी में डूब गया। यह तो तय था कि गार्गी को मेडिकल या डेंटल में एडमिशन मिल जाएगा, मगर इसकी उम्मीद नहीं थी कि इतनी दूर मिलेगा। एक तरफ जहाँ गार्गी के सुखद भविष्य की ख़ुशी में पूरे घर की दर-ओ-दीवार मंगल-कामनाओं से झंकृत हैं, तो दूसरी तरफ प्रतिदिन कानों में गूँजने वाले चिर-परिचित पदचापों के बिछुड़ने की उदास कल्पना में डूबा हुआ है। दशरथ और भगवती की आँखों में अपने सामने चहकते-फुदकते गौरैयों के झुंड से अचानक एक गौरैया के बिछुड़ने का सन्ताप साफ़ पढ़ा जा सकता है। जो घर पहले से सिया के पूरे दिन न रहने से ख़ामोश-सा रहता है, वह अब गार्गी के चले जाने से और ख़ामोश रहने लगेगा। कुछ दिन पहले तक घर का जो आँगन चिड़ियों की चहचहाहट से गूँजता रहता था, अचानक उसमें एक सन्नाटा विचरने लगेगा—यही सोचकर दशरथ और भगवती का मन बैठा जा रहा है।

इधर घर से दूर रहने की कल्पना में गार्गी का जैसे खाना-पीना छूट गया। सभी ने उसे बहुत तसल्ली दी लेकिन रह-रह कर गार्गी की रुलाई फूट पड़ती। बलवंत और रेवती ने ही नहीं चाचा रूपेश व चाची जयंती सहित दादा-दादी ने भी खूब समझाया कि कुछ दिनों की बात है, उसके बाद अपने आप आदत पड़ जाएगी। जैसे-जैसे गार्गी के मेडिकल कॉलेज में जाने के दिन नज़दीक आने लगे, सारा घर एक अबोले-से द्वीप में बदलने लगा। एक दिन पहले तो वह अपने दादा-दादी से लिपटकर ख़ूब रोई। जबकि जिस दिन वह अपने पिता बलवंत और चाचा रूपेश के साथ टैक्सी में बैठकर जाने लगी, वहाँ आ गई दुर्गा भी अपने आपको नहीं रोक पाई। एक पल के लिए लगा जैसे वह गार्गी को हमेशा के लिए विदा करने आई है। टैक्सी के आगे जाते ही वह अपने पीछे जैसे कोई ख़ालीपन छोड़ गई।

गार्गी के जाने के बाद दुर्गा देर तक भगवती के पास बैठी रही।

"भगवती, अभी तो तेरी गार्गी कुछ दिनों के लिए डाक्टरी पढ़ने गई है, उसी में पूरा घर इतना परेशान हो उठा। जिस दिन इस घर से एक-एक कर ये सब अपने घर चली जाएँगी, उस दिन तुम्हारे दिल पर क्या बीतेगी?" दुर्गा का आशय सिया, गार्गी और बुलबुल तीनों से था।

भगवती से कुछ भी जवाब देते नहीं बना। जवाब तो वह तब देती जब दुर्गा ने कोई नई बात कही हो। सही तो कहा है उसने। भगवती बीच-बीच में निर्निमेष आँखों से अधखुले गेट को ऐसे देख लेती, जैसे गार्गी उसमें से होकर अभी उसके पास आ जाएगी।

बलवंत और रूपेश गार्गी के प्रवेश की सारी प्रक्रिया को पूरा करने और उसे हॉस्टल में छोड़ने के बाद तीसरे दिन वापिस लौट आए। अगली सुबह भगवती ने पोती का हाल जानने के लिए रूपेश से बात करने का आग्रह किया। रूपेश ने गार्गी का नम्बर मिलाकर यह कहते हुए अपना मोबाइल भगवती की तरफ बढ़ा दिया, "ले माँ बात कर, घंटी जा रही है।"

"हेलोऽऽऽ!" हेलो कहने के बावजूद दूसरी तरफ से कोई जवाब नहीं आया, तो भगवती ने इस बार ज़ोर-से कहा, "हेलो! हाँ बोल? मैं अम्माँ बोल रही हूँ बेटा!"

इस बार दूसरी तरफ से एक घुटी-घुटी सी आवाज़ भगवती के कानों से टकराई। इस बार भगवती ने मोबाइल को कान से पूरी तरह चिपकाते हुए कहा, "क्या हुआ, बोल क्यों नहीं रही है मेरी बछिया?"

मगर यह क्या दूसरी तरफ से किसी तरह का जवाब मिलने के बजाय भगवती को लगा जैसे उसके कानों में आँसुओं में भीगी हिलकियों की छोटी-छोटी बूँदें टपक रही हैं।

"गार्गी, बेटी क्या हुआ? सब ठीक तो है?" भगवती ने पास खड़े रूपेश की तरफ कातरता के साथ देखा। उसके मोबाइल वाले हाथों में कंपन होने लगी।

"अ...अम्माँ, मेरा यहाँ मन नहीं लग रहा है।" पहली बार सिसकियों में लिपटे शब्दों की महीन खनक भगवती के कानों से टकराई।

पोती की आवाज़ सुनकर भगवती भी अपने आपको नहीं रोक पाई। बड़ी कोशिश के बाद शब्दों को आपस में गूँथते हुए भर्राते हुए बोली, "तो तेरे बिना हमारा भी कौन-सा मन लग रहा है। जिस दिन से गई है सारा घर सूना-सूना सा हो गया है।"

"फिर मुझे यहाँ से घर बुला ले अम्माँ! मुझसे नहीं रहा जाएगा यहाँ।" गार्गी का कातर स्वर एक बार फिर भगवती के कानों में कुलबुलाया।

रूपेश को समझते हुए देर नहीं लगी कि अगर दादी-पोती में कुछ देर और बातें होती रहीं, तो मामला गड़बड़ा सकता है। उसने अपनी भाभी रेवती को भी बिलखते हुए देख लिया था।

"माँ, ला मुझे दे फोन!" रूपेश ने थोड़ा सख़्त होते हुए कहा।

"रूपेश, मेरी गार्गी की तो बुरी हालत है। बस, रोए जा रही है।"

"माँ, मुझे बात करने दे!" इसके बाद रूपेश ने मोबाइल कान से लगा लिया, "गार्गी, बेटा ऐसा होता है एकाध दिन। देख, हम सबको तुझसे बड़ी उम्मीद है। अगर तू ही हिम्मत हार जाएगी, तो कैसे काम चलेगा...और फिर तेरे पास है तो सही मोबाइल जब मन करे कर लिया कर बात। चिन्ता मत कर, अगले इतवार को तेरा यह चाचा तुझसे मिलने आ रहा है। ठीक है बेटा?" दूसरी तरफ से जब लगा कि गार्गी की आवाज़ कुछ वज़नी हो गई है, तब रूपेश ने कहा, "एक मिनट। ले

अपने दादाजी से बात कर।" इतना कह रूपेश सामने अख़बार छोड़कर सारा दृश्य देख रहे अपने पिता दशरथ की तरफ बढ़ गया।

इसके बाद रूपेश ने एक-एक कर गार्गी की—बाऊजी ही नहीं, जयंती चाची सहित सिया और बुलबुल सबसे बात करा दी। सबसे बात होने के बाद दशरथ भगवती के पास आते हुए बोला, "जब तक बलवंत और रूपेश उसके साथ थे, तब तक तो उसे महसूस नहीं हुआ कि वह घर से दूर है। लेकिन इनके लौटने के बाद रात को जब वह अकेली रह गई, तब उसे हमारी याद आई होगी।"

"मेरा तो मन बहुत घबरा रहा है। कहीं अकेली बच्ची घबरा ना जाए?" भगवती अब भी पोती के बिछुड़ने के वियोग से उबर नहीं पा रही है।

"ऐसा कुछ नहीं है। बस एकाध दिन की बात है। उसके बाद तो सब आदत पड़ जाएगी।"

"बाऊजी सही कह रहे हैं माँ। वैसे भी कल इतवार था इसलिए वह पूरे दिन घर की यादों में खोई रही होगी। हम सबको याद करती रही होगी। कल से जैसे ही क्लास लगनी शुरू हो जाएगी, उसे फुरसत भी नहीं मिलेगी।" रूपेश ने अपनी माँ को समझाया।

शायद रूपेश ने ठीक कहा है, इसलिए उसकी बात पर किसी ने कोई प्रतिक्रिया व्यक्त नहीं की।

लगभग एक महीने तक ऐसा कोई दिन नहीं गया, जब गार्गी शाम को किसी-न-किसी से बात न करती हो। धीरे-धीरे एक दिन छोड़कर उसकी बात होती। फिर हफ़्ते में एकाध बार और अन्तत: यह सिलसिला महीने में कभी-कभार में बदल गया। शुरू में गार्गी की जो अनुपस्थिति पूरे घर को खलती थी, वह भी एक हद तक समाप्त हो गई।

दोपहर तक अब घर एक ख़ामोश टापू बना रहता। दोपहर को बुलबुल के स्कूल से आने के बाद घर में कुछ ख़ुशनुमा चहलक़दमी शुरू होती, जो सिया के चार बजे के आसपास लॉ कॉलेज से आने के बाद चहचहाहट में बदल जाती।

दुर्गा को भगवती के घर का यह सन्नाटा जब बिलकुल बर्दाश्त नहीं हुआ, तब एक दिन वह भरी दोपहरी में भगवती के दालान में चली आई। स्कूलों की गर्मियों की छुट्टियाँ अभी-अभी समाप्त हुई हैं, इसलिए बुलबुल अभी स्कूल से नहीं लौटी है। भगवती के पास बैठी दुर्गा ने अपनी पीड़ा को बाँटने के लिए पहले छोटी-सी भूमिका बनाई और फिर आहिस्ते से बोली, "भगवती, पता नहीं तुम्हें कैसा लगता है, पर एक बात है, बिना बेटियों की किलकारियों के घर निपट बियाबान-सा लगता है।"

भगवती ने पलटकर दुर्गा की आँखों में देखा। इससे पहले कि वह आगे कुछ कहती बीच में कॉल बेल चीख़ उठी।

"बहू, देखना कौन है?" भगवती ने छोटी बहू जयंती को आवाज़ देते हुए कहा।

जयंती ने गेट खोलकर बाहर देखा ही था कि पीछे से भगवती की आवाज़ आई, "बहू कौन है?"

"सब्जीवाली आंटी है मम्मी।" जयंती ने दरवाज़े से ही बताया।

"सब्जीवाली आंटी! यह कौन है?" इससे पहले कि भगवती पलटकर जयंती से कुछ कहती, दुर्गा ने उत्सुकतावश पूछा।

"वही अख्तरी कुँजड़न होगी जिससे हम सब साग-भाजी खरीदकर लाते हैं!" भगवती ने अनुमान लगाते हुए कहा।

"अच्छा वो है।"

"भीतर बुला ले!" जयंती को आदेश देते हुए बोली भगवती।

जयंती अख्तरी को साथ लेकर बरामदे में आ गई।

भगवती ने सामने से अख्तरी को आता देख मुस्कराते हुए पूछा, "आज कैसे इधर का रास्ता भूल गई?"

"यहाँ से गुजर रही थी सो सोचा जब आई हूँ, तो अपने एक गीराहक से भी मिलती चलूँ।" अख्तरी ने चुटकी लेते हुए जवाब दिया।

"कोई बात नहीं अच्छी बात है। ले आराम से बैठ जा।" अपने बग़ल में रखी चटाई को अख्तरी की तरफ बढ़ाते हुए भगवती बोली।

"इस थैले में क्या है?" इस बार दुर्गा ने पूछा।

"लड़कियों के कपड़े हैं।"

"अच्छा, उनको विदा करने का इंतजाम हो रहा है।" दुर्गा ने अनुमान लगाते हुए पूछा।

"हाँ, ईद पर आई थीं।"

"अच्छी बात है। जब तक माँ-बाप हैं बेटियाँ आ जाती हैं। उनके बाद बेचारियों को कौन बुलाता है।"

"फिर तो बड़ी रौनक रही होगी घर में?" दुर्गा ने पूछा।

"रौनक! पूछो मत। चौबीस घंटे अम्मी ये ला दूँ...अम्मी वो ला दूँ सुनकर ऐसा लगता जैसे सावन की फुहार बरस रही हों। कल चली जाएँगी तो घर एक बार फिर सूना-सूना हो जाएगा।" अख्तरी की आवाज़ हल्के-से काँप कर रह गई।

"सही कह रही है। थोड़ी देर पहले हम दोनों यही बात कर रही थीं। अब देखो न, भगवती का ही घर बिना पोतियों के कैसा लग रहा है। उनमें भी एक तो चली ही गई।"

"चली गई, मतलब?" अख्तरी के मुँह से चीख़ निकलते-निकलते रह गई।

"चली गई का मतलब है दूसरे शहर में पढ़ने गई है।" भगवती ने मुस्कराते हुए बात सँभाली।

"हाय अल्लाह, मेरी तो जान-सी निकल गई।" इसके बाद आसमान में दोनों हाथों को उठाकर बोली, "खुदा सही-सलामत रखे इन बच्चियों को। वैसे एक बात कहूँ, घर तो बेटियों से ही घर जैसा लगता है।"

"सही कह रही है अख्तरी। मरी तीनों की चिल्ल-पों जब-जब इस घर की दीवार लाँघकर मेरे कानों में पड़ती हैं, तो सच कहूँ ऐसा लगता जैसे रामचरितमानस की चौपाइयाँ घुल रही हैं।" कहते-कहते दुर्गा के शब्द भीगते चले गए।

"दुर्गा बी, तूने मेरे मन की बात कह दी। जब-जब अम्मी-अम्मी करती इधर-से-उधर चहकती घूमती हैं, तो लगता है कानों में जैसे किसी मस्जिद से आने वाली अज़ान के बोल पड़ रहे हैं।"

इस बीच भगवती धीरे-से उठी और कमरे में चली गई। कुछ देर बाद चुपचाप वापिस आकर बैठ गई। देर तक बातें होती रहीं। इस बीच बुलबुल भी स्कूल से आ गई।

"अच्छा चलती हूँ। घर पर दोनों बाट देख रही होंगी।"

अख्तरी उठने को हुई कि भगवती ने अपनी बड़ी बहू रेवती की तरफ देखा। आँखों-आँखों में दोनों सास-बहू के बीच एक मौन संवाद हुआ। इस संवाद का अर्थ भाँपते ही रेवती तेज़ी-से कमरे में गई और जब तक दुर्गा या अख्तरी कुछ समझ पातीं, वह वापिस आई और पॉलिथिन का एक रंगीन लिफ़ाफ़ा अपनी सास की तरफ बढ़ा दिया।

"ले, ये मेरी तरफ से लड़कियों को दे देना!" भगवती ने रेवती से लिया लिफ़ाफ़ा अख्तरी की तरफ बढ़ाते हुए कहा।

"ये क्या है?" अख्तरी ने अचकचाते हुए पूछा।

"कुछ नहीं है।" भगवती ने लिफ़ाफ़ा ज़बरदस्ती अख्तरी के हाथों में थमा दिया।

लिफ़ाफ़ा लेते हुए अख्तरी के हाथों में एक बार हल्की-सी जुम्बिश हुई।

इस बीच दुर्गा ने भी अपनी जेब से सौ का नोट निकाला और अख्तरी को देते हुए बोली, "ले, ये मेरी तरफ से उन दोनों को पचास-पचास रुपए बिदाई दे देना।"

"ये तुम क्या कर रही हो?" शब्द लरज़ने लगे अख्तरी के।

"कुछ नहीं, रख ले। वैसे भी बहन-बेटियाँ तो सबकी साझा होती हैं।" दुर्गा ने ज़बरन सौ का नोट अख्तरी की अँगुलियों में फँसा दिया।

अख्तरी इसके बाद ना नहीं कर सकी। कुछ देर के लिए लगा जैसे बाहर देह झुलसा देनेवाली धूप अचानक ठंडी चाँदनी में बदल गई है। अख्तरी अधखुले गेट से बाहर आई और धीरे-से किसी मटमैले साये की तरह गली में ग़ायब हो गई। भगवती और दुर्गा के बीच भरी दोपहरी में देर तक दुनिया-जहान की बातें होती रहीं।

इसी बीच दुर्गा ने अपने आसपास बड़ी बारीक निगाह मारी। आसपास का ऐसे मुआयना किया कि कोई उनकी बात तो नहीं सुन रहा है। फिर वह धीरे-से भगवती के नज़दीक आई और बेहद धीमी आवाज़ में बोली, "दुर्गा, तेरी छोटी बहू जयंती के बारे में क्या खबर है?"

"खबर क्या, मुझे तो अब कोई आस ही नजर नहीं आ रही है।"

"ऐसा क्या हुआ जो तू इतनी ना-उम्मीदी वाली बात कर रही है?" दुर्गा की आँखें जिज्ञासा के चलते फैलने-सिकुड़ने लगीं।

"डाक्टरों ने साफ मना कर दिया है।" भगवती के शब्द निराशा में डूबते चले गए।

"फिर क्या सोचा?"

"यही समझ में नहीं आ रहा है। गोद लेने की भी बात चल रही है, पर अभी कुछ तय नहीं हो पा रहा है। एक मन कर रहा है कि किसी रिश्तेदार का बच्चा गोद ले लें, पर इसका डर यह है कि आगे जाके कहीं पले-पलाए बच्चे को वे माँग न बैठें।"

"ना बहन, किसी रिश्तेदार के बच्चे के बारे में तो कभी सोचना भी मत। लालन-पालन में कुछ उन्नीस-बीस हो गई तो दुनियाभर के उलाहने मिलने शुरू हो जाएँगे। रिश्तेदारी खराब होगी, वह अलग। मैं तो इसकी सलाह बिलकुल भी नहीं दूँगी।" दुर्गा ने एक तरह से भगवती को चेतावनी देते हुए कहा।

"सबसे ज्यादा इसी बात का डर है।"

"एक बात कहूँ भगवती, अगर बच्चा गोद लेने की नौबत आ भी जाए तो किसी अनाथाश्रम से लेना। कम-से-कम किसी अनाथ और बेसहारा को माँ-बाप तो मिल जाएँगे। उसको एक नई जिन्दगी तो मिल जाएगी।"

"यह बात तो तेरी सही है दुर्गा।" भगवती का खिंचा हुआ चेहरा एकाएक ढीला पड़ता चला गया।

"और सुन, किसी लड़के-वड़के के चक्कर में मत पड़ना। लड़कों का सुख मैं कितना भोग रही हूँ, मैं ही जानती हूँ। अपनी पोतियों को देख रही है न! जहाँ तीन हैं, वहाँ चौथी भी सही। मेरा बस चले न भगवती, तो मैं अपने घर में आज ही लड़की ले आऊँ।"

"वो बात तेरी सही है दुर्गा पर वंश बढ़ाने के लिए तो लड़के की ही जरूरत पड़ेगी।" भगवती ने चिन्तित स्वर में कहा।

"सुन, भगवती बुरा मत मानियो। इस वंश बढ़ाने की भूख ने हमारी बेटियों की दुर्गत की हुई है। थोड़ी देर के लिए मान लो तुमने लड़के को गोद ले लिया, तो इसकी क्या गारंटी है कि वह तेरी इन पोतियों को बहन का दर्जा दे ही देगा। कहीं ऐसा न हो कि वह सारी जायदाद पर कब्जा कर बैठे, और तेरी ये पोतियाँ यहाँ के रूखों के लिए भी तरस जाएँ। इस बारे में अच्छी तरह सोच लेना।" कुछ पल चुप

रहने के बाद दुर्गा फिर बोली, "वैसे, एक बार किसी साधु-सन्त या पीर-फकीर को भी दिखा लेती। क्या पता, ऊपरवाले ने अभी कोई दरवाजा खोल ही रक्खा हो।" दुर्गा ने जैसे विषय पर विराम लगाते हुए कहा।

"ना दुर्गा, यह काम मैं नहीं करने वाली। मुझे नहीं है ऐसे पाखंडी बाबाओं पर रत्तीभर भी भरोसा। रात-दिन इनके कारनामे टीवी पर देख-देख कर, मुझे तो इनसे बहुत डर लगता है।"

"यह बात तो है।" भगवती से सहमत होते हुए दुर्गा बोली।

दुर्गा द्वारा दिए गए एक साथ कई सुझावों पर इसके बाद भगवती ने कुछ नहीं कहा। दुर्गा ने जिस तरह का दृश्य खींचा, उसकी कल्पनाभर से थोड़ी देर के लिए भगवती सिहरती चली गई।

8

जो काम समय रहते हो जाए, उसे करने में ही समझदारी है। इससे पहले कि बेटों के मन में माँ-बाप के प्रति किसी तरह का अविश्वास पैदा हो, यह काम कर लेना चाहिए। यही सोचकर उग्रसेन ने अपनी पत्नी दुर्गा को अपनी योजना से अवगत कराया। हालाँकि दुर्गा ने शुरू में थोड़ा प्रतिवाद किया मगर पति के हठ के आगे उसकी एक नहीं चली। पति के तर्क के आगे दुर्गा का प्रतिवाद ध्वस्त हो गया।

इस तरह एक दिन शाम को उग्रसेन ने बिना किसी को बताए अपने दोनों बेटों नागदत्त और अभय को बुलवा लिया। दोनों में से किसी की समझ में नहीं आया कि उनके पिता ने उन्हें अचानक किसलिए बुलाया है। जिस घर में केवल किसी तीज-त्योहार के अवसर पर रौनक-सी जमती थी, वैसी ही अच्छी-ख़ासी रौनक आज जम गई। दोनों बहुओं ने मिलकर शाम को एक से एक बढ़कर खाना बनाया।

खाना खाने के बाद जब नागदत्त और अभय अपने-अपने परिवारों के साथ वापिस अपने-अपने फ़्लैट्स में जाने की तैयारी करने लगे, ठीक उसी समय उग्रसेन ने दोनों बेटों और उनकी पत्नियों को आँगन में इकट्ठा कर लिया। अब भी किसी के यह बात पल्ले नहीं पड़ी कि आख़िर यह रहस्य क्या है। जब सब इकट्ठे हो गए, तब उग्रसेन ने धीरे-से पहले बात शुरू करने के लिए छोटी-सी भूमिका बनाई। इसके बाद एक-एक कर सबके चेहरे पर नज़र दौड़ाई और फिर कहने लगा, "मैंने आज तुम दोनों को एक खास मकसद से इकट्ठा किया है।"

"मकसद! ऐसा क्या हो गया?" बड़ा बेटा होने के कारण नागदत्त ने सवाल उछाला।

"ऐसा है कि एक उम्र में आने के बाद कुछ काम ऐसे होते हैं जिन्हें समय रहते कर लेना चाहिए। समय का क्या पता, वह किस ओर करवट ले ले।" उग्रसेन एकाएक दार्शनिक हो गया।

किसी के समझ में कुछ नहीं आया कि उग्रसेन किस काम के बारे में कह रहा है। सबकी शादी हो गई। यहाँ तक कि कई पोते तो शादी के लायक हो भी गए हैं। अगर आज उग्रसेन का परिवार गाँव में ही होता तो अब तक एकाध की शादी हो गई होती।

"इसलिए मैं चाहता हूँ कि समय रहते उस आखिरी जिम्मेदारी से भी मुक्त हो जाऊँ, जिससे हर आदमी होना चाहता है।"

"आप यह क्या पहेली लेकर बैठ गए। जो कहना है साफ-साफ कहिए! वैसे भी हमें आए हुए काफी देर हो गई है। वापिस घर भी जाना है।" छोटे बेटे अभय का जैसे धैर्य जवाब दे उठा।

उग्रसेन ने एलइडी बल्ब की तेज़ रोशनी में भीगे अभय के चेहरे की तरफ देखा। फिर कुछ पल सोचने के बाद उसने अपनी पत्नी दुर्गा की ओर देखा। दुर्गा अपने पति के इस तरह देखने का भाव समझ गई। इससे पहले वह कुछ कहती, नागदत्त झल्लाते हुए बोला, "माँ, तू ही बता दे क्या बात है। ये तो बिना मतलब जलेबी-सी बनाए जा रहे हैं।"

एक पल के लिए दुर्गा सोचने लगी कि नागदत्त और अभय सही तो कह रहे हैं। इस बार दुर्गा ने अपने पति का भी इन्तज़ार नहीं किया और तत्परता के साथ बोली, "जिम्मेदारी क्या, इस जायदाद के बँटवारे के लिए इकट्ठा किया है तुम सबको।"

"जायदाद का बँटवारा? इसकी ऐसी क्या जल्दी आ पड़ी। कुसुम या कौशल्या में से किसी ने कुछ कह दिया क्या? या फिर हम दोनों में से किसी ने कुछ कह दिया?" अभय ने आश्चर्य से पलटकर अपनी माँ से पूछा।

"पता नहीं अचानक इन्हें क्या सूझा। परसों बोले कि मैं इस जायदाद का बँटवारा करना चाहता हूँ।" दुर्गा ने बताया।

"वो बात तो ठीक है माँ, मगर इसकी ऐसी क्या जरूरत आ पड़ी?" नागदत्त ने पूछा।

"जरूरत तो बेटा किसी की भी नहीं होती है, पर घर, परिवार और समाज में कुछ ऐसे काम होते हैं जिनसे एक दिन सभी को मुक्त होना पड़ता है। चाहता तो मैं भी नहीं हूँ पर क्या करूँ, मैं भी मजबूर हूँ। कल लोग यह न कहें कि जीते-जी हम बँटवारा करके नहीं गए।"

पिता के इस तर्क पर दोनों बेटों में से किसी ने कुछ नहीं कहा। बस, अपने पिता की तरफ से होने वाली आगामी कार्रवाई की प्रतीक्षा करने लगे।

"वैसे अगर तुम दोनों के मन में इस बँटवारे को लेकर कोई योजना है, तो वह भी बता दो वरना मैं तो अपने हिसाब से करूँगा ही!" उग्रसेन ने अपने सामने बैठे बेटों की तरफ देखते हुए कहा।

"हमारे मन में क्या योजना होगी। हमने तो इस बारे में आज तक सोचा भी नहीं। अब आपने बुलाया है तो आप ही बताइए कि आपकी क्या योजना है।" नागदत्त ने उत्तर दिया।

"ठीक है।" इतना कहकर उग्रसेन ने अपने दाईं तरफ रखी अभ्यास पुस्तिका उठाई, और अपनी योजना के अनुसार दोनों बेटों में बँटने वाली जायदाद को पढ़ने के बाद सिर उठाकर कहा, "किसी को कोई एतराज तो नहीं है इस बँटवारे पर?"

अपने दशरथ जैसे पिता के फैसले को दोनों बेटों ने शिरोधार्य करते हुए एक स्वर में कहा, "नहीं, हमें कोई एतराज नहीं है। आपने जो किया है हमें मंजूर है।"

उसके बेटों द्वारा अपने इस फैसले को बिना किसी विवाद और मतभेद के स्वीकार करने पर, दशरथ जैसे पिता उग्रसेन का सीना गर्व से चौड़ा होता चला गया। उग्रसेन ने गर्वीली मुद्रा में सामने निस्पृह मुद्रा में बैठी अपनी पत्नी दुर्गा की तरफ देखा। इसके बाद वह बेटे-बहुओं को घर, परिवार और समाज की परम्पराओं को लेकर छोटा-सा प्रवचन देने लगा, "देखो, मैं यही चाहता था कि जो काम आपस में मिलकर, अपने घर की चारदीवारी में हो जाए, उससे अच्छी बात और कोई नहीं होती। इसलिए मैंने यह जो बँटवारा किया है एकाध दिन में मैं इसे किसी वकील के पास जाकर वसीयतनामे में दर्ज करा देता हूँ। अब आप आराम से अपने-अपने घर जाओ। आज मैं एक बहुत बड़ी जिम्मेदारी से मुक्त हो गया।"

अपना फैसला सुनाने के बाद उग्रसेन जाने के लिए उठा ही था कि अभय की पत्नी कुसुम संकोच के साथ, दबी ज़बान में अपनी सास दुर्गा को सम्बोधित करते हुए बोली, "मम्मीजी, इसमें बाऊजी ने इस घर को तो शामिल ही नहीं किया है?"

उग्रसेन वापिस बैठ गया। यह कहते हुए अपनी छोटी पुत्र-वधू कुसुम की तरफ पलटा, "बहू, इसे इसलिए शामिल नहीं किया क्योंकि इसमें मैं और तेरी मम्मी जो रहते हैं। हमारे जिन्दा रहने तक हमारे पास भी तो कुछ रहना चाहिए न?"

"मम्मीजी, बाऊजी की यह बात सही है, पर वसीयत में यह भी लिखवा दें तो क्या हर्ज होगा कि हमारे मरने के बाद इस मकान पर किसका हक होगा?"

छोटी बहू के इतना कहते ही दुर्गा जैसे फट पड़ी, "इसका मतलब यह हुआ बहू कि तुम हमारे मरने का इंतजार कर रही हो, कि कब हम मरें और कब तुम इस पर कब्जा करो।"

"मैंने ऐसा तो नहीं कहा मम्मी।" सास की डाँट सुनते ही कुसुम रुआँसी हो गई।

"कुसुम गलत थोड़े ही कह रही है। अगर वसीयत में इस बात का जिक्र हो जाएगा, तो इसमें बुराई क्या है। कम-से-कम हम सब बेफिक्र तो हो जाएँगे।" अभय ने अपनी पत्नी कुसुम का पक्ष लेते हुए कहा।

अभय की बात ख़त्म होने पर उग्रसेन ने दुर्गा की तरफ देखते हुए कहा, "बहू सही कह रही है। हालाँकि मैं खुद यह सोच रहा था कि इसको वसीयत में लिखवा दूँ। यह बात अलग है कि इतनी छोटी-सी बात तुम्हारे समझ में नहीं आई।"

"कौन-सी छोटी-सी बात?" अभय ने जिज्ञासावश पूछा।

"यही कि जो हमारी सेवा करेगा, इस मकान पर उसी का हक होगा।"

"इसका मतलब यह हुआ मम्मीजी कि हम आपकी सेवा नहीं कर रहे हैं।" कुसुम ने मुस्कराते हुए एक लम्बी साँस ली।

"और फिर महीने-बीस दिन में इन दोनों भाइयों में से कोई-न-कोई चक्कर तो लगा ही जाता है। अब और बताओ, और कैसी सेवा चाहिए?" नागदत्त की पत्नी कौशल्या तमकते हुए बोली।

बिना एक पल गँवाए अपने जेठानी का समर्थन करते हुए कुसुम बोली, "मम्मीजी, दीदी सही तो कह रही है।"

उग्रसेन चुपचाप सुनता रहा। वह कुछ नहीं बोला।

"देख लिया, मैं इसी कलेश के डर से आपको मना कर रही थी...और कर लो जायदाद का बँटवारा। यह बँटवारा थोड़े ही हो रहा है, यह तो हमारी सेवा-पानी का बही-खाता खँगाला जा रहा है!" अपने पति उग्रसेन को सुनाते हुए दुर्गा इस बार हत्थे से उखड़ गई।

काफ़ी देर से चुप उग्रसेन ने पहली बार प्रतिक्रिया व्यक्त की, "तो फिर ठीक है मैं वसीयत यह लिखवा देता हूँ कि जो जिन्दगीभर हमारी सेवा करेगा, इस मकान पर उसी का हक होगा।"

"हम बारी-बारी से आपकी सेवा करने के लिए तैयार हैं तो सही।" अभय ने तुरन्त पलटी मारते हुए कहा।

"यानी तुम अपने-अपने हिसाब से यह तय करोगे कि किसको हमारी कब सेवा करनी है? एक की बारी खत्म होने के बाद हम दूसरे का इंतजार करेंगे कि कब वह आएगा और कब हमारी सेवा करेगा?"

"बिलकुल। हम दोनों भाई मिलकर यह तय कर लेते हैं।" नागदत्त अभय की बात को आगे बढ़ाते हुए बोला।

"नागदत्त, ऐसा नहीं होगा। हाँ, ज्यादा-से-ज्यादा एक काम हो सकता है कि मैं वसीयत में इस मकान के दो बराबर के हिस्से लिखवा देता हूँ कि हमारे मरने के बाद इस पर तुम दोनों भाइयों का बराबर का हिस्सा होगा।"

“हाँ, यह एकदम ठीक रहेगा।” छोटी बहू कुसुम का बुझा हुआ चेहरा एकाएक खिल उठा।

दुर्गा ने सिर पकड़ लिया।

“माँ, छोड़ो यह बँटवारे का चक्कर। मेरी बात मानो तो जैसा चल रहा है, वैसा ही चलने दो। जब समय आएगा, देखा जाएगा।” नागदत्त ने फ़िलहाल विवाद पर विराम लगाने की मंशा से कहा।

“क्यों छोड़ें भाईसाब? यह तो तय करना ही पड़ेगा कि इनके मरने के बाद इस मकान के किस हिस्से पर किसका हक होगा...”

“फिर एक काम हो सकता है...” अपनी बात पूरी किए बिना दुर्गा ने बारी-बारी से दोनों बहुओं की ओर देखा।

“मम्मीजी क्या?” कुसुम ने लपककर पूछा।

“यही कि जीते-जी हम यह मकान छोड़कर किसी आश्रम में चले जाते हैं। उसके बाद आराम से हमारे हिस्से पर जिसका जैसा जी चाहे, आराम से कब्जा कर लेना।” दुर्गा एक व्यंग्यभरी मुस्कान उछालते हुए बोली।

“हमने ऐसा तो नहीं कहा माँ।” अभय सकपकाते हुए बोला।

“नहीं कहा है, तो फिर भी कान खोलकर तुम सब सुन लो, अपने जीते-जी मैं इस मकान को किसी को हाथ भी नहीं लगाने दूँगी। फिर चाहे कोई हमारी सेवा करे या न करे! किसी का क्या भरोसा कि इसे भी वसीयत में लिखवाकर कल हमें दर-बदर कर दे। एक यही तो आसरा बचा है, इसे भी तुम्हारे हवाले कर दें।”

दुर्गा के इस ऐलान के बाद सन्नाटा छा गया।

इसी बीच दुर्गा धीरे-से अपनी बड़ी बहू कौशल्या की तरफ पलटी और सहमे हुए सन्नाटे को भेदती हुई बोली, “और सुन बहू, अगर तुम इस लालच में हमसे महीना-बीस दिन में मिलने आते हो कि हम अपने हिस्से को भी तुम्हारे नाम कर देंगे, तो यह वहम अपने मन से निकाल दो। जिनके बेटे-बहू नहीं होते हैं वे भी तो जिन्दगी जीते हैं।” फिर दुर्गा अपने पति उग्रसेन को चेतावनी देती हुई बोली, “औ... और आप भी एक बात कान खोलकर सुन लो! अगर बँटवारा होगा, तो वैसा ही होगा जैसा आपने अभी किया है। रही बात इस मकान की तो इसमें नहीं मिलेगा किसी को इंचभर भी हिस्सा।” अपने पति के निर्णय पर अपनी सहमति की अन्तिम मुहर लगा, दुर्गा यह कहते हुए खड़ी हो गई, “अगर यह बँटवारा मंजूर हो तो ठीक वरना सब जाओ अपने-अपने घर!”

इसके बाद दुर्गा अपने कमरे में आ गई। नागदत्त और अभय अपने-अपने परिवार के साथ कब चले गए, उसे पता ही नहीं चला। पूरी रात उग्रसेन और दुर्गा एक अजीब-सी बेचैनी के चलते करवटें बदलते रहे। कानों में रह-रह कर बेटे-बहुओं के शब्द गर्म शीशे की तरह खदबदाते रहे। कम-से-कम उग्रसेन ने तो

इसकी कल्पना भी नहीं की थी कि जिस मकान को वे अपने अन्तिम सहारे के रूप में अपने पास रखना चाहते हैं, उसे भी बेटे-बहू आपस में बाँट लेना चाहते हैं। यह तो अच्छा हुआ जो उसकी पत्नी दुर्गा ने इसका पुरज़ोर विरोध कर दिया वरना वह तो एक बार इसके लिए तैयार भी हो गया था।

उग्रसेन को सबसे ज्यादा हैरानी तो इस बात पर हो रही है कि बेटों को अपने ही माँ-बाप पर भरोसा नहीं है। उनके मरने के बाद आख़िर सब कुछ उनकी सन्तान का ही तो है। भला वे इस ज़मीन-जायदाद को कौन-सा सिर पर रखकर ले जाएँगे। उग्रसेन की आँखें भर आईं और याद आने लगे वे दिन जब साइकिल के कैरियर पर, दूध के केन लटकाकर सुबह-शाम पूरी कॉलोनी में घर-घर जाकर दूध सप्लाई करता था। इस घर को उसने किस तरह अपनी मेहनत और दूध में पानी मिला-मिला कर, अपने ईमान से समझौता करके बनाया है—इसे वही जानता है। यह घर उसके और दुर्गा के लिए केवल एक घर नहीं है बल्कि पुराने संघर्षों का ऐसा घोंसला है, जिसके तिनके-तिनके पर आँधी-तूफ़ान और झंझावातों की इबारतें दर्ज हैं। एक ऐसा घोंसला जिसकी भीतरी दीवारों पर उनकी मेहनत और संघर्ष की छोटी-छोटी लोक-कथाएँ लिखी हुई हैं। उग्रसेन ने पलटकर पास में बिछी चारपाई पर सो रही पत्नी की तरफ देखा। देखने के बाद उसने एक गहरा आश्वस्तिभरा साँस लिया और करवट लेकर सोने का प्रयास करने लगा।

9

दुर्गा की सलाह भगवती को उचित लगी। दुर्गा ने ग़लत थोड़े ही कहा है। आख़िर एक बार फिर से किसी डॉक्टर को दिखाने में क्या बुराई है। क्या पता सचमुच रूपेश-जयंती के भाग्य का विधाता ने अभी कोई दरवाज़ा खोल रखा हो।

शाम को सोने से पहले भगवती ने इस बारे में पति से चर्चा की, तो दशरथ ने एक पल के लिए पत्नी के इस सुझाव पर मनन किया। कुछ पल सोचने के बाद दशरथ बोला, "वो बात तो ठीक है,पर रूपेश से इस बारे में पहले बात करनी होगी।"

भगवती को पति की बात में दम नज़र आया। अभी समय ज्यादा नहीं हुआ है। रात के साढ़े नौ ही बजे हैं। उनके साथ-साथ सब सोने की तैयारी में होंगे। यही सोचते हुए भगवती ने कहा, "ठीक है। मैं रूपेश को अभी बुलाती हूँ।"

"ऐसी क्या जल्दी है। सवेरे आराम से बात कर लेना।"

"सवेरे क्या, अभी कर लेते हैं।" इतना कह भगवती ने आवाज़ लगाई, "बुलबुल!"

"आई अम्माँ!" अन्दर से बुलबुल की आवाज़ आई और कुछ ही देर में तीसरे नम्बर की पोती बुलबुल हाज़िर हो गई, "हाँ अम्माँ?"

"तेरे पापा सो गए हैं क्या?" भगवती ने पूछा।

"नहीं तो।"

"ठीक है। जरा उसे भेजना!"

"अभी भेजती हूँ।" इतना कह बुलबुल चली गई।

कुछ ही देर में रूपेश आ गया।

"आपने बुलाया माँ?" आते ही बोला रूपेश।

"हाँ, बैठ!"

रूपेश वहीं माँ की चारपाई पर पाँयतों की तरफ बैठ गया।

"हम यह सोच रहे हैं रूपेश कि क्यों न तुम दोनों एक बार और किसी अच्छे-से डोक्टर को दिखा लेते?" भगवती ने बिना किसी भूमिका के कहा।

"माँ और कितना दिखाएँ। बड़े-से-बड़े अस्पताल में दिखा लिया। सारे पीर-पैगंबरों से लेकर साधु-महात्माओं के यहाँ धक्के खा लिए। हमें नहीं जाना अब कहीं। हम यही सोचकर तसल्ली कर लेंगे कि हमारे भाग्य में सन्तान है ही नहीं।" रूपेश झल्ला गया।

"वो बात तो तेरी ठीक है बेटा, पर क्या पताऽऽऽ..."

"माँ कोई फायदा नहीं है धक्के खाने से। अगर आप यही चाहती हैं तो हम अपनी बुलबुल को गोद ले लेंगे।"

बुलबुल का नाम सुनते ही भगवती एक पल के लिए असहज हो उठी। उसे दुर्गा की कही बात याद आ गई कि किसी रिश्तेदार के बच्चे के बारे में तो कभी सोचना भी मत। लालन-पालन में कुछ उन्नीस-बीस हो गई तो दुनियाभर के उलाहने मिलने शुरू हो जाएँगे। रिश्तेदारी ख़राब होगी वह अलग। मैं तो इसकी सलाह बिलकुल भी नहीं दूँगी।

"रूपेश, एक बात कहूँ बेटा?" भगवती कहते-कहते रुक गई।

"हाँ, कह माँ!"

"पता नहीं क्यों, मेरा मन बुलबुल को गोद लेने की गवाही नहीं दे रहा है।"

"क्यों माँ?" रूपेश ने हैरानी के साथ पूछा।

"देख, बुलबुल ठहरी तेरे बड़े भाई की बेटी। चौबीस घंटे अपने माँ-बाप की आँखों के सामने रहेगी। तूने या जयंती ने उसे थोड़ा-सा भी डाँट दिया, तो उनसे देखा नहीं जाएगा। खासकर जयंती से क्योंकि वह उसकी माँ जो ठहरी। कहीं ऐसा न हो कि बुलबुल के चक्कर में इन दोनों देवरानी-जेठानी में ही फाँक पड़ जाए।"

माँ का तर्क सुन रूपेश कुछ नहीं बोला।

"सबसे बड़ा डर तो यह है कि आगे जाकर कहीं ये पली-पलाई बच्ची न माँग बैठें। एक बात और है कि तेरे भाई-भाभी इन बच्चियों को जिन हालातों में पाल रहे हैं, कल को सिया और गार्गी बुलबुल की अच्छी परवरिश देखेंगी तो दुखी होंगी।"

"रूपेश, तेरी माँ की इन बातों से मैं भी पूरी तरह सहमत हूँ।" पत्नी भगवती से सहमत होते हुए दशरथ ने कहा।

"तो फिर ठीक है। जैसा चल रहा है वैसा ही चलने दो। तीन-तीन बेटियाँ क्या कम हैं। वैसे भी हैं तो ये सब हमारी ही।" रूपेश ने हँसते हुए बेपरवाही के साथ विषय पर जैसे विराम लगा दिया।

"बेटा, मैं मना नहीं कर रही हूँ। मैं भी चाहती हूँ कि तुम एक बच्चा गोद ले लो। कम-से-कम जिन्दगी तो उसके सहारे कट जाएगी।"

"तेरी माँ सही कह रही है। किसी अस्पताल से ऐसे लड़के को गोद ले लो जो कुछ ही देर पहले जन्मा हो। इसी बहाने इन चारों को उनका भाई भी मिल जाएगा।"

"सुन, यह काम बिलकुल मत करना।"

"माँ, तू भी अजीब बात कर रही है। कभी कह रही है भाई की लड़की गोद मत लेना। कभी कह रही है यह काम बिलकुल मत करना। मेरी कुछ समझ में नहीं आ रहा है।" रूपेश का जैसे अब धैर्य जवाब देने लग गया।

"देख, अगर बच्चा ही गोद लेना है, तो एक सलाह दूँ?" इतना कहकर भगवती ने बारी-बारी से अपने पति और बेटे की तरफ देखा।

"कौन-सी सलाह?" रूपेश ने चकित होते हुए पूछा।

"यही कि अगर गोद लेना है तो किसी अनाथाश्रम से कोई बच्ची ही गोद लेना।"

भगवती की इस सलाह पर दोनों बाप-बेटे यानी दशरथ और रूपेश का मुँह खुला का खुला रह गया।

"सुनकर तुम दोनों बाप-बेटे को हैरानी हो रही होगी न कि वंश चलानेवाले बेटे की जगह तीन-तीन लड़कियों के होते हुए, मैं इस घर में एक और लड़की लाने की सलाह दे रही हूँ?"

सचमुच दशरथ और रूपेश कुछ नहीं समझ पा रहे हैं। दोनों के दिमाग़ ने जैसे काम करना बन्द कर दिया।

"देखो, लड़का गोद लेने पर इस घर को भले ही वंश चलानेवाला मिल जाएगा, पर इस घर की इन लड़कियों को भाई कभी नहीं मिलेगा। वह इसलिए कि जिस दिन उसे इस बात का पता चलेगा कि सिया, गार्गी और बुलबुल उसकी सगी बहनें नहीं हैं, उसी दिन उसकी निगाह फिर जाएगी। सगे भाई-भाभी तो आजकल घर की बहन-बेटियों को पूछते नहीं हैं, एक गोद लिया जरूर पूछेगा। कहीं ऐसा न हो कि मेरी इन चिरैयाओं के लिए इस घर की देहरी भी पराई हो जाए।" कहते-कहते भगवती की आवाज़ काँपने लगी।

“रूपेश, तेरी माँ सही कह रही है। जो भी फैसला लेना, बहुत सोच-समझ कर लेना। आराम से जयंती से सलाह-मशविरा कर ले कि इस बारे में वह क्या सोचती है। उससे भी पूछना ठीक रहेगा।” दशरथ पत्नी भगवती के तर्क से लगभग सहमत होते हुए बोला।

कुछ देर के लिए कमरे का दूधिया उजाला जैसे साँझ के झुटपुटे में तब्दील हो गया। देखते-देखते रूपेश को इस झुटपुटे में अपने ही माता-पिता के चेहरे धुँधले दिखाई देने लगे। रूपेश ने पहले एक गहरी साँस ली और फिर यह कहकर अपने कमरे में चला गया, “ठीक है माँ, इस बारे में हमें कुछ सोचने दो!”

दो दिन हो गए। रूपेश की तरफ से कोई जवाब नहीं आया। मगर तीसरे दिन रूपेश शाम को खाना खाने के बाद पत्नी जयंती ही नहीं, अपने बड़े भाई बलवंत और भाभी रेवती को साथ लेकर अपने माँ-पिता के पास पहुँच गया। आने से पहले बलवंत और रेवती ने रूपेश से जानने का बहुत प्रयास किया कि वह माँ-बाऊजी के पास उन्हें किसलिए लेकर जा रहा है। मगर रूपेश ने कुछ नहीं बताया। बस मुस्कराकर चुप हो गया।

दोनों बेटों और उनकी पत्नियों को साथ आया देख, दशरथ व भगवती को समझते हुए देर नहीं लगी कि उनका आने का क्या प्रयोजन हो सकता है।

आते ही बिना किसी भूमिका के रूपेश ने कहना शुरू किया, “माँ, मैंने जयंती से उस बारे में बात की है।” इतना कह रूपेश एक पल के लिए चुप हो गया।

रूपेश ने जिस रहस्यमय तरीक़े से ख़ामोशी ओढ़ी, बड़े भाई बलवंत और उसकी पत्नी रेवती का दिल ज़ोर-ज़ोर से धड़कने लगा। एक बार तो उन दोनों ने सोचा कि कहीं रूपेश जायदाद इत्यादि के बँटवारे के बारे में तो बात नहीं कर रहा है? इतना बड़ा फैसला माँ-बाऊजी ने रूपेश के साथ मिलकर कर लिया और उन्हें इसकी भनक तक नहीं लगने दी। बलवंत का चेहरा एकाएक खिंचता चला गया। बावजूद उसने कहा कुछ नहीं सिवाय इसके, “कौन-सी बात रूपेश?”

“तुझे तो पता ही है कि सारे डाक्टर-वैद्यों से लेकर सारे पीर-फकीरों और साधु-संन्यासियों के पास धक्के खा लिए पर सब तरफ से नाउम्मीदी ही हाथ लगी। लगता है अब सारी आस खतम हो गई है। वैसे भी ये दोनों कब तक अकेले बसर करते रहेंगे। इसलिए इनका मन घर में एक बच्चा लाने को कर रहा है।”

“हम कुछ समझे नहीं मम्मीजी?” रेवती ने दबी ज़बान में अपनी सास से पूछा।

“मेरा मतलब गोद लेने से है।”

"गो...गोद ले रहे हैं ये दोनों?" इतना कह रेवती ने धीरे-से अपने पति बलवंत की तरफ देखा।

"हाँ माँ, आखिर बुढ़ापे में भी तो कोई सहारा चाहिए।" बलवंत ने सामने बैठे अपने माँ-बाप को टोहते हुए कहा।

"और क्या, सहारा देने के साथ-साथ इस घर में कोई वंश को आगे बढ़ाने वाला भी तो होना चाहिए।" रेवती ने एक फीकी हँसी हँसते हुए अपने पति की बात को आगे बढ़ाया।

"देख बहू, मैंने तो इनसे साफ कह दिया है कि अगर बच्चा ही गोद लेना है, तो लड़का तो हरगिज लेना मत।"

"यह क्या मतलब हुआ मम्मीजी? बच्चा भी गोद लो और लड़का भी मत लो, तो ऐसे गोद लेने का क्या फायदा?" रेवती ने अचकचाते हुए पूछा।

"तो क्या तुमने भी यही सोचा है जैसा माँ कह रही है कि लड़का गोद नहीं लेना है?" बलवंत ने विस्मय के साथ पूछा।

"हाँ भैया।" रूपेश ने धीरे-से उत्तर दिया।

"अजीब बेवकूफ है। क्या इस घर में पहले से लड़कियों की कमी है, जो तू फिर से एक और लड़की लाने की बात कर रहा है!"

"बलवंत, लड़कियाँ क्या होती हैं इसके बारे में उनसे पूछ जिन घरों में लड़कियाँ नहीं होती हैं। दूर क्यों जाओ। अपने घर के सामने दुर्गा से जाकर पूछ कि लड़के उसे क्या दे रहे हैं।" रूपेश के बजाय जवाब बलवंत की माँ भगवती ने दिया।

"माँ, यह तू क्या कह रही है?"

"बलवंत, तेरी माँ जो कह रही है बहुत सोच-समझ कर कह रही है। इस बात पर दो दिन पहले बहुत बात हो चुकी है।" दशरथ ने पहली बार हस्तक्षेप किया।

"बाऊजी, हमारे तो आपकी बात कुछ पल्ले पड़ी नहीं।" रेवती बोली।

"अगर ऐसा है तो फिर अपनी बुलबुल को गोद ले लो!"

"नहीं भैया।" इसके बाद रूपेश ने अपने भाई-भाभी को उनकी किसी बेटी को गोद न लेने का वही तर्क दोहरा दिया, जो कुछ दिन पहले उनकी माँ ने दिया था।

भगवती की बात सुन बलवंत और रेवती के सामने कुछ देर के लिए असमंजस की स्थिति पैदा हो गई। उसके बाद दोनों ने जैसे राहत की साँस ली।

"इसीलिए भाभी हम आप दोनों को साथ लेकर आए हैं। माँ की बात पर मैंने और जयंती ने खूब सोचा और बहुत सोचने के बाद, हम दोनों इस नतीजे पर पहुँचे हैं कि माँ-बाऊजी एकदम सही कह रहे हैं।"

"रूपेश, यह फैसला तो तुम दोनों मियाँ-बीवी को करना है।" रेवती ने बात रूपेश और जयंती पर डाल दी।

"दीदी, मम्मीजी की बात से मैं भी सहमत हूँ। जहाँ तीन बेटियाँ हैं, वहाँ एक और सही। कम-से-कम इस घर का आँगन इन चिड़ियों के झुंड से किलकता तो रहेगा।" जयंती ने चहकते हुए अपने पति रूपेश की बात आगे बढ़ाई।

"वो बात तो तेरी ठीक है जयंती। मगऽऽऽर जब आसपास और नाते-रिश्तेदारों को इस बात का पता चलेगा, तब वे क्या कहेंगे? मैंने तो यही सोचकर कहा था।" रेवती भविष्य की अकल्पनीय सुरंग में उतरते हुए बोली।

"देख बहू, दुनिया-जहान को मार गोली। तुम दोनों को कोई एतराज है तो बता?" भगवती ने रेवती को टोकते हुए पूछा।

"अगर ये दोनों मियाँ-बीवी इसके लिए तैयार हैं, तो हमें क्या एतराज हो सकता है मम्मीजी।" रेवती के बजाय बलवंत ने उत्तर दिया।

"बलवंत, बेटा मैं तो लड़की इसलिए भी गोद लेने की बात कह रही हूँ कि अगर बड़ा होकर वह नालायक निकल आया, तो इनके साथ-साथ पूरे घर की जिन्दगी नरक हो जाएगी। तुम देख तो रहे हो दुर्गा के घर का हाल।" भगवती ने तर्क दिया।

"माँ, वैसे मेरी तो अब भी यही राय है कि हम गोद ही न लें। हैं तो सही इस घर में तीन-तीन बेटियाँ, पर जयंती नहीं मान रही है।" रूपेश ने अपनी पत्नी की तरफ देखते हुए कहा।

"भाई साब, जयंती का सोचना एकदम सही है। हर औरत चाहती है कि वह अपने बच्चे को अपनी छाती से लगाकर सोए। अपनी हथेलियों पर रखकर उसे झुलाए। मैं भी एक औरत हूँ। जयंती के दर्द को मैं समझ सकती हूँ।" रेवती ने जयंती की आँखों में देखकर अपनी नज़र नीची कर ली।

अपनी भाभी के इस तर्क पर रूपेश कुछ नहीं बोला। उसकी इस चुप्पी का सभी ने यही अर्थ निकाला कि वह सहमत है। लगभग सबकी सहमति बनने के बाद दशरथ बोला, "वैसे आज के अखबार में ऐसे ही किसी सेंटर का नाम छपा है। मैं अभी बताता हूँ।" इससे पहले कि दशरथ अख़बार लेने के लिए खड़ा होता, रूपेश बोला, "बाऊजी, मैंने देख लिया है। आप उसी की बात कर रहे हैं न, जिसमें सबसे ऊपर नि:सन्तानता अभिशाप नहीं, लिखा हुआ है?"

"हाँ, वही है।"

"वैसे इस विज्ञापन में जिन जाँचों की बात कही गई है, वे सब हम पहले ही करा चुके हैं।"

रूपेश द्वारा इस बात का खुलासा करने पर दशरथ का जोश ठंडा पड़ता चला गया।

"ठीक है। मैं किसी जानकार से इस बारे में बात करता हूँ। पता करता हूँ कि गोद लेने के लिए क्या-क्या करना पड़ता है।" अन्ततः रूपेश ने सबके सामने अपनी सहमति देते हुए कहा।

इसके बाद सब उठकर चले गए। दशरथ और भगवती भी सोने की तैयारी करने लगे।

10

बड़ी भागदौड़ के बाद रूपेश को सफलता हाथ लगी।

गोद लेने की लम्बी, ऊबाऊ और जटिल प्रक्रिया को सुन रूपेश के हाथ-पाँव फूल गए। एक बार तो उसके मन में आया कि वह घर जाकर मना कर देगा कि उसे नहीं लेना कोई गोद। रही बात जयंती की, सो उसे वह अपने आप समझा देगा। बहुत सोच-विचार किया उसने। मगर उसकी हिम्मत नहीं हुई घर जाकर अपने इस फैसले से अवगत कराने की। हाँ, उसने उस डॉक्टर को अपनी इस दुविधा से ज़रूर परिचित करा दिया।

सुनकर डॉक्टर पहले तो ज़ोर से हँसा और फिर रूपेश को समझाते हुए बोला, "रूपेश, बस, थोड़ी-सी परेशानी से डरकर बच्चा गोद लेने से मना कर रहे हो?"

रूपेश से तुरन्त डॉक्टर को कोई जवाब देते नहीं बना।

"देखो रूपेश, यह तो एक प्रक्रिया है, जो सबको पूरी करनी होती है। कारा, मेरा मतलब है सेन्ट्रल एडॉप्शन रिसोर्स अथॉरिटी, या किसी एडॉप्शन कोऑर्डिनेटिंग एजेंसी से गोद लेने की सलाह मैं इसलिए दे रहा हूँ कि अगर आप किसी गैरकानूनी एजेंसी या किसी सड़क छाप समाज सेवक के माध्यम से बच्चा गोद लेते हैं, तो आप परेशानी में पड़ सकते हैं। बाद में, बच्चे का जन्मदाता, कोई फ्रॉड आदमी या कोई दलाल या कहिए बिचौलिया आपको परेशान कर सकता है।"

"इसी डर की वजह से तो डॉक्टर साहब हम किसी रिश्तेदार, यहाँ तक कि अपने बड़े भाई का बच्चा गोद लेने की नहीं सोच रहे हैं।"

"एक बात और बता दूँ कि ऐसे गैरकानूनी ढंग से गोद लिये बच्चे के दत्तक माता-पिता की मौत अथवा आपस में तलाक हो जाने पर, बच्चे को माँ-बाप की विरासत में से कोई हिस्सा नहीं मिलता है। सरकार ने अगर ये कुछ कायदे-कानून बनाए हैं, तो कुछ सोच-समझ कर ही बनाए होंगे न। यह ठीक है कि इसकी प्रक्रिया थोड़ी मुश्किल और भाग-दौड़ वाली है, लेकिन कारा या किसी एडॉप्शन कोऑर्डिनेटिंग एजेंसी के माध्यम से बच्चा गोद लेने पर आप निश्चिन्त हो जाओगे। बाकी, आपकी इच्छा।" डॉक्टर ने निराश होते हुए लम्बी साँस ली।

“बस इसी झमेले के चलते मेरी हिम्मत नहीं हो रही है डॉक्टर साहब।”

“यार, मैं हूँ तो सही। वैसे भी, मैं आपसे इसकी कोई फीस थोड़े ही ले रहा हूँ। मुझे तो आपकी इसलिए मदद करने में खुशी हो रही है कि आप एक नेक काम करने जा रहे हो। मैं तो आपकी उस माँ को दिल से प्रणाम करता हूँ, जिसने इतना बड़ा फैसला लेने के लिए आपको तैयार कर दिया। सच कहूँ, ऐसे फैसले के लिए बड़ी हिम्मत चाहिए। हम जैसे अच्छे-अच्छे पढ़े-लिखे और प्रोग्रेसिव कहे जानेवालों की ऐसे फैसले लेने की हिम्मत नहीं होती है, जैसी हिम्मत पुराने खयालों वाली आपकी माँ ने दिखाई है।”

डॉक्टर की बात सुन रूपेश कुछ नहीं बोला।

“देखो रूपेश, आप दोनों पति-पत्नी इसके लिए तैयार हैं। दो साल से ज्यादा आप दोनों की शादी को हो गए हैं। आपके और बच्चे के बीच का फासला भी पच्चीस साल से ज्यादा है?”

“जी डॉक्टर साहब।”

“जब सारी शर्तें पूरी हो रही हैं, तो फिर परेशानी किस बात की है?”

रूपेश को दुविधा से बाहर आता देख, डॉक्टर आगे बोला, “आप दोनों पति-पत्नी की एक ताज़ा फोटो, पैन कार्ड, आपके बर्थ सर्टिफिकेट की कॉपी, निवास प्रमाण-पत्र के रूप में आधार कार्ड, वोटर आईडी, बिजली या टेलीफोन का बिल। इनकम टैक्स व आप दोनों की शादी का कोई प्रमाण—ये दस्तावेज आप तैयार कर लीजिए। रही बात इस सर्टिफिकेट की कि जो दम्पती बच्चे को गोद लेने जा रहा है, उन्हें यह मेडिकल सर्टिफिकेट देना मेरा काम है कि उन्हें कोई सीरियस बीमारी नहीं है।” कुछ पल चुप रहने के बाद डॉक्टर बोला, “रूपेश, मेरे एक जानकार हैं। उन्होंने हाल ही में बच्चा गोद लिया है। ऐसा करता हूँ मैं आपको उनसे मिलवा देता हूँ। वे आपको सारी बात बता देंगे।”

“यह ठीक रहेगा डॉक्टर साहब।” रूपेश डॉक्टर से सहमति जताते हुए बोला।

“एक मिनट! मैं अभी उनसे आपकी बात करा ही देता हूँ।” इतना कह डॉक्टर ने अपने मोबाइल से नम्बर मिलाया और यह कहकर मोबाइल को रूपेश की तरफ बढ़ा दिया, “अग्रवाल साब, मेरे एक परिचित हैं रूपेश। इन्हें बच्चा गोद लेना है। लीजिए, आप इनसे बात करिए और जरा इन्हें एडॉप्शन के बारे में मोटी-मोटी जानकारी दे दीजिए...वैसे तो मैंने इन्हें बता दिया है। फिर भी आप कुछ बता देंगे तो इन्हें कुछ तसल्ली हो जाएगी...ये लो, कर लो इनसे बात!”

रूपेश ने बात करने के बाद मोबाइल वापिस डॉक्टर को दे दिया।

“...और हाँ, आपको अपने पक्ष में दो लोगों के बयान भी लाने होंगे।” मोबाइल लेते हुए डॉक्टर को जैसे कुछ याद आ गया।

“यह सब तो हो जाएगा।”

"तो फिर ठीक है। किसी दिन ये सारे कागजात ले आना। मैं आपके साथ उस एडॉप्शन प्लेसमेंट एजेंसी में आपका नाम दर्ज कराने चल दूँगा, जिसके माध्यम से अग्रवाल जी ने बच्चा गोद लिया था। वैसे गोद लेने से पहले आप दोनों की काउंसिलिंग भी होनी है। इसमें आपसे पूछा जाएगा कि आपको कैसा बच्चा चाहिए और जैसे ही आपकी इच्छा के अनुसार बच्चा मिल जाएगा, एजेंसी आपको सूचित कर देगी। ठीक है?"

रूपेश ने स्वीकृति में सिर हिलाया और घर चला आया।

घर आते-आते रूपेश ने मानसिक रूप से अपने आपको और तैयार कर लिया।

खाना खाने के बाद रात को रूपेश ने डॉक्टर से हुई सारी बातचीत से, अपने भाई-भाभी की उपस्थिति में माँ-बाऊजी को अवगत करा दिया। बेटे की बात सुन भगवती अपने आराध्य का धन्यवाद देते हुए पुलकित भाव से बोली, "अब इस घर में तीन नहीं, चार गौरैया हो जाएँगी। मरी, जब वह इन तीनों के पीछे-पीछे फुदकती हुई भागती फिरेगी तो कैसी लगेगी!" भगवती सुखद कल्पनाओं के समंदर में डुबकी लगाने लगी।

रूपेश को इससे अच्छा अवसर नहीं लगा। उसने अपने पिता की तरफ देखा और फिर मुस्कराते हुए बोला, "बाऊजी, पता है डॉक्टर साब माँ के बारे में क्या बोल रहे थे?"

अनायास अपना जिक्र छिड़ने पर भगवती चौंकते हुए बोली, "क्या कह रहा था?"

"रहने दे माँ। बेमतलब बेचारे उस डॉक्टर को कोसना शुरू कर देगी।" रूपेश ने शरारत से अपनी माँ की तरफ मुस्कराकर देखा।

"तू बता तो सही। वह मरा डाक्टर मेरे बारे में क्या बक रहा था?" भगवती की उत्कंठा हिलोरें मारने लगी।

"जाने दे माँ। सुनेगी तो दुखी होगी।" रूपेश ने जानबूझकर माँ को कोंचा।

"मरे, जब बताना ही नहीं था तो यह बात छेड़ी क्यों? मैंने तो बताने के लिए कहा नहीं।"

"बाऊजी, बता दूँ?" इस बार रूपेश अपने पिता की तरफ पलटा।

भगवती को परेशान होता देख दशरथ रूपेश की ओर देखकर धीरे-से मुस्कराया। दशरथ समझ गया कि रूपेश अपनी माँ को जानबूझकर तंग कर रहा है।

रूपेश को जब लगा कि अपनी माँ के धैर्य की अब ज्यादा परीक्षा लेना ठीक नहीं है, तब वह शब्दों को चुभलाते हुए बोलने लगा, "बाऊजी, डॉक्टर साब कह

रहे थे कि मैं तो आपकी उस माँ को प्रणाम करता हूँ, जिसने इतना बड़ा फैसला लेने के लिए आपको तैयार किया है। ऐसे फैसले के लिए बड़ी हिम्मत चाहिए। हम जैसे अच्छे-अच्छे पढ़े-लिखों की ऐसे फैसले लेने की हिम्मत नहीं होती है, जैसी हिम्मत आपकी पुराने खयालों वाली माँ ने दिखाई है।"

"जा मरे, मैं तो घबरा ही गई थी कि पता नहीं नासपीटे उस डाक्टर ने मेरे बारे में क्या बोला होगा।" फिर कुछ क्षण रुककर सोचते हुए बोली, "पता है, यह हिम्मत मुझे किसने बँधाई?"

इस बार चौंकने की बारी वहाँ मौजूद परिवार के दूसरे लोगों की थी। सब मन-ही-मन तरह-तरह के अनुमान लगाने लगे।

"मुझे यह हिम्मत दुर्गा ने बँधाई थी। उसी ने मुझे तैयार किया था कि लड़के के बजाय लड़की गोद लेना।" भगवती ने रहस्योद्घाटन करते हुए बताया।

"क्याऽऽऽ! उस दुर्गा आंटी ने जो एक समय हमारे यहाँ लड़की होने पर नाक-भौं सिकोड़ती थी?" बलवंत ने हैरान होते हुए पूछा।

"समय अच्छे-अच्छों को सबक सिखा देता है बेटा। अपने जिन बेटों-पोतों को वे हीरा, रत्न और न जाने क्या-क्या कहते थे, उन्हीं में आपस में ऐसा खिंचाव आ गया है कि उग्रसेन और दुर्गा का जीना हराम हो रहा है...और यह सब हो रहा है, घर-जायदाद के बँटवारे को लेकर।"

दशरथ ने जिस तरह व्यथित मन से यह सब बताया, वहाँ उपस्थित सबके लिए यह एक नई जानकारी थी।

"घर छोड़ने के बाद भी वे आंटी-अंकल को चैन से नहीं रहने दे रहे हैं।" रूपेश ने अपने पिता की आँखों में झाँकते हुए कहा।

बेटे की बात सुनकर दशरथ ने पहले एक ठंडी साँस ली और फिर उसे बाहर छोड़ते हुए बोला, "बहुत बुरा समय आ गया है। ऐसी भी क्या जायदाद हुई जिसने बेटों को तो माँ-बाप से दूर किया ही, भाइयों में भी फाँक पड़ गई।"

"अब समझ में आया माँ कि दुर्गा आंटी ने लड़के के बजाय लड़की गोद लेने के लिए क्यों कहा होगा।" रूपेश ने माँ की बात पर प्रतिक्रिया व्यक्त करते हुए कहा।

"एक बात और बताऊँ, मैंने जब एक दिन, उससे बच्चा गोद लेने के बारे में कहा, तो पता है क्या बोली? बोली कि भगवती किसी लड़के-वड़के के चक्कर में तो पड़ना मत। लड़कों का सुख मैं कितना भोग रही हूँ, मैं ही जानती हूँ। अपनी पोतियों को देख रही है न! जहाँ तीन हैं, वहाँ चौथी भी सही। मेरा बस चले न भगवती, तो मैं अपने घर आज ही लड़की ले आऊँ।"

बलवंत-रूपेश ही नहीं उनकी पत्नियाँ रेवती और जयंती भी विस्मय से एकटक भगवती का मुँह ताकने लगीं। एक पल के लिए सबको लगा जैसे उनकी माँ भगवती के चेहरे पर दुर्गा का चेहरा चस्पाँ हो गया है।

"मैंने एक बार हल्के से कहा भी कि दुर्गा वंश तो बेटे से ही चलना है, तब इस पर वह तुनकते हुए बोली कि, इस वंश बढ़ाने की भूख और चाह ने ही हमारी बेटियों की दुर्गत की हुई है। थोड़ी देर के लिए मान लो, तुमने किसी लड़के को गोद ले लिया, तो इसकी क्या गारंटी है कि वह तेरी इन पोतियों को बहन का दर्जा दे ही देगा। कहीं ऐसा न हो कि वह सारी जायदाद पर कब्जा कर बैठे और तेरी ये पोतियाँ यहाँ के रूखों के लिए भी तरस जाएँ।"

भगवती ने जिस अन्दाज़ में यह सब कहा, उसे सुन सन्नाटा छा गया। पलभर में भविष्य की एक भयानक तस्वीर सबकी आँखों के सामने तैरती चली गई। एक ऐसी झुलसती रेतीली निर्जन तस्वीर जिसमें सिया, गार्गी और बुलबुल भटक रही हैं। कल्पनाभर से रेवती की आँखों के सामने अँधेरा-सा छा गया।

"और यह सलाह भी उसी ने दी थी कि अगर बच्चा गोद लेने की नौबत आ भी जाए तो किसी अनाथाश्रम से लेना। कम-से-कम किसी अनाथ को उसके माँ-बाप तो मिल जाएँगे। उसको एक नई जिन्दगी तो मिल जाएगी।"

"मम्मीजी, यह बात तो दुर्गा आंटी ने सोलह आने सही कही है।" रेवती ने हुमकते हुए अपनी सास और परोक्ष रूप से दुर्गा से सहमति जताते हुए कहा। उसी रेवती ने जिसके तीन बेटियाँ हैं।

जयंती ने कनखियों से अपनी जेठानी रेवती की तरफ देखा। अपनी जेठानी के प्रति उसका मन अगाध श्रद्धा से भर गया। इधर रेवती की आँखों की चमक देखते ही बन रही है। रेवती ने जयंती के मन में उमड़ते आशंकाओं के बादलों को पूरी तरह छाँट दिया। इधर दशरथ ही नहीं बल्कि पूरा परिवार दुर्गा की अनुपस्थिति में जैसे उसके सामने नत-मस्तक हो गया।

"इसके लिए हमें दो लोगों के बयान भी चाहिए!" डॉक्टर से हुई सारी बात बताने के बाद रूपेश ने अन्त में कहा।

"दो लोगों के बयान?" दशरथ कुछ सोचते हुए बोला।

"बाऊजी, एक तो दुर्गा आंटी हो जाएँगी। दूसरा और देख लीजिए।" रूपेश की पत्नी जयंती ने हुलसते हुए कहा।

"बहू, यह बात तो तूने सही कही है।" फिर कुछ पल सोचने के बाद दशरथ ख़ुद ही बोला, "तो फिर दूसरा उग्रसेन को ले लेते हैं।"

एक तरह से एक मुख्य समस्या का निदान जैसे चुटकी बजाते हो गया।

"ठीक है बाऊजी, जैसे ही सारे कागज पूरे हो जाएँगे, मैं एजेंसी में नाम दर्ज करा आऊँगा।"

इसके बाद सब अपने-अपने कमरों में चले गए।

इधर जिस दिन से सिया और बुलबुल को पता चला है कि उनके घर एक और नए मेहमान का आगमन होने वाला है, उसी दिन से उनके पाँव जैसे ज़मीन पर नहीं पड़ रहे हैं। एक अकल्पनीय उल्लास और रोमांच ने उनके शरीर में मानो नई ऊर्जा का संचार कर दिया है। बल्कि सिया ने तो इसकी सूचना अपने मोबाइल से गार्गी को भी दे दी। इस बीच न जाने कितनी बार सिया और बुलबुल अपनी माँ से ही नहीं, अपनी दादी से भी पूछ चुकी हैं कि उनके घर में कब यह नया मेहमान आने वाला है?

और जैसे ही एक दिन एडॉप्शन प्लेसमेंट एजेंसी की तरफ से रूपेश के पास फोन आया कि वे एजेंसी में आ जाएँ, सुनकर पूरे घर में उत्सवी माहौल बन गया। रूपेश जयंती, अपनी माँ भगवती, भाभी रेवती, अपने पड़ोसी उग्रसेन और दुर्गा को साथ लेकर प्लेसमेंट एजेंसी पहुँच गया। बच्ची के भावी माता-पिता जयंती और रूपेश ने अपनी सहमति और स्वीकृति देने के बाद पालन-पोषण सम्बन्धी समझौते पर हस्ताक्षर कर दिए। हस्ताक्षर करने के बाद एजेंसी का प्रतिनिधि उन्हें लेकर नर्सरी की तरफ बढ़ गया। रास्ते में जयंती को रह-रह कर लगता रहा मानो उसका दिल उछलकर बाहर आ जाएगा। कुछ क़दमों का रास्ता उसके लिए जैसे मीलों लम्बा हो गया। एकाएक उसे लगा जैसे उसके शुष्क स्तनों में मातृत्व और वात्सल्य की धारा उतर आई है।

जैसे ही एजेंसी का प्रतिनिधि रूपेश-जयंती दोनों को लेकर एक कमरे में गया और जाकर एक पालने के पास रुका, जयंती अपने आपको नहीं रोक पाई। उसकी रुलाई फूट गई। प्रतिनिधि ने मुस्कराकर जयंती की तरफ ऐसे देखा, जैसे वह मन-ही-मन कह रहा है कि आप तो आज रो रही हैं, हम तो ऐसे क्षणों को देख-देख कर आए दिन रोते हैं।

प्रतिनिधि ने पालने में कपड़े में लिपटी, एकदम शान्त और सौम्य गहरी नींद में सोई बच्ची को उठाया और उसे जयंती की गोद में डाल दिया। दोनों हाथों से बने पालने और जिस्म की गर्मी पाकर अबोध मासूम जयंती के सीने से चिपक गई। बच्ची के सीने से चिपकते ही जयंती फफककर रो पड़ी। उसके हाथ काँपने लगे। रूपेश ने पहले जयंती के हाथों के पालने की तरफ देखा। उसके बाद उसकी जैसे ही पत्नी से नज़रें मिलीं, उसकी भी आँखों से आँसुओं की धारा बह निकली। जयंती ने बच्ची को अब रूपेश की गोद में डाल दिया। बच्ची के स्पर्श से रूपेश के पूरे बदन में जैसे ठंडी लहर दौड़ गई। मुश्किल से दोनों होंठों को दाँतों तले भींचकर वह अपने आपको रोक पाया।

"चलिए, जुवेनाइल जस्टिस बोर्ड में अभी हमारे वकील को आपकी तरफ से एक याचिका पेश करनी है। दरअसल, बोर्ड ही बच्ची को गोद लेने की मंजूरी देता है। आइए!" एजेंसी का प्रतिनिधि रूपेश और जयंती को लेकर नर्सरी से बाहर ले आया।

एडॉप्शन प्लेसमेंट एजेंसी के वकील ने पहले से तैयार याचिका पर रूपेश और जयंती से हस्ताक्षर करवाए, और मुबारकबाद देते हुए बोला, "बहुत बधाई आप दोनों को। ऐसा करना, आप दोनों एजेंसी के प्रतिनिधि के साथ रजिस्ट्रार ऑफिस में जाकर, गोद लेने के सर्टिफिकेट के लिए रजिस्टर करा देना। बल्कि उसी समय बच्चे के बर्थ सर्टिफिकेट के लिए भी अप्लाई कर देना।"

वकील के पास से रूपेश और जयंती बच्ची को लेकर एजेंसी के स्वागत कक्ष में, जहाँ बाकी के लोग उनका बेसब्री से इन्तज़ार कर रहे हैं, चले आए। सामने पतले कॉरिडोर से रूपेश और जयंती को अपनी तरफ आता देख, भगवती, रेवती और दुर्गा अपनी-अपनी जगह पर खड़े हो गए। पास आने पर जयंती ने गहरी नींद में सोई बच्ची को धीरे-से, बिना आहट किए अपनी गोद से भगवती की तरफ बढ़ा दिया। भगवती ने हाथ आगे बढ़ाया ही था कि न जाने क्यों उसके हाथ, बीच में ही रुक गए। सास की इस अप्रत्याशित कार्रवाई पर जयंती सकपका गई। एक पल के लिए उसका चेहरा स्याह पड़ गया कि उसकी सास अपनी इस पोती को क्यों नहीं ले रही है? रूपेश भी इस दृश्य को देखकर हक्का-बक्का रह गया।

"मम्मीजी, क्या हुआ?" जयंती के चेहरे पर हवाइयाँ उड़ने लगीं।

भगवती ने पहले एक महीन मुस्कान उछाली और फिर उसके बाद जयंती की तरफ देखते हुए बोली, "बहू, इसे गोद में लेने का पहला हक दुर्गा को है। असली दादी इसकी मैं नहीं, यह दुर्गा है जिसने इस बच्ची को दूसरा और असली जनम दिलाया है।"

अभी तक निष्प्रभ खड़ी दुर्गा को जैसे विश्वास नहीं हुआ। जब तक वह कुछ जवाब देती, जयंती ने यह कहते हुए बच्ची दुर्गा की गोद में डाल दी, "मम्मीजी, यह बात तो आप सही कह रही हैं।"

बच्ची जैसे ही दुर्गा की गोद में आई, दुर्गा की हिलकियाँ बँध गई। उम्र के लगभग अन्तिम पड़ाव से गुज़र रहे शरीर में एक हल्की-सी आत्मीय कम्पन हुई। उसने सो रही बच्ची को अंक में समेट लिया। इस बीच न जाने कितनी बार उसने बच्ची को चूम डाला। पहले से तैयार होकर आई दुर्गा ने धीरे-से अपनी जेब से काजल की एक डिबिया निकाली, जिसे उसने भगवती को पकड़ा दिया। अनुभवी भगवती समझ गई डिबिया देने का अर्थ। उसने बिना कहे उसे खोल दिया। दुर्गा ने अनामिका के पोर में काजल लगाया और बच्ची के माथे पर बड़ा-सा टीका लगाते हुए बोली, "मेरी पोती को नजर न लगे।"

बच्ची अब भी बेसुध गहरी नींद में है। इसके बाद उसने बच्ची को भगवती को दे दिया। बच्ची को देने के बाद उसने जेब में फिर से हाथ डाला। नून-राई से भरी मुट्ठी को दो-तीन बार बच्ची के ऊपर फेरकर उसकी बलाएँ लेने लगी।

उग्रसेन, भगवती, रूपेश, रेवती और जयंती इस मनोहारी दृश्य को अपलक निहारते रहे।

किसी को बिलकुल भी भनक नहीं लगी।

सिया, गार्गी और बुलबुल ने अपने दादा के साथ मिलकर पहले से पूरी तैयारी की हुई थी। रूपेश अपने घर के नए सदस्य को लेकर जैसे ही दरवाज़े पर पहुँचा, सिया ने सबको दरवाज़े पर यह कहते हुए रोक दिया, "रुको! अन्दर कोई नहीं घुसेगा!" इतना कह सिया गार्गी को साथ ले अन्दर चली गई। दशरथ मन-ही-मन मुस्कराता रहा।

किसी के कुछ समझ में नहीं आया कि सिया को एकाएक यह क्या हो गया है। सब दरवाज़े के बाहर ही ठिठक गए। इस बीच गली में कइयों को पता लग गया कि दशरथ-भगवती के घर एक नया सदस्य आ गया है। सब विस्फित हो आपस में एक-दूसरे की तरफ ताकने लगे। जब तक सब अपनी-अपनी कल्पना का सहारा ले कुछ अनुमान लगा पाते, सबने देखा सिया और गार्गी धीरे-धीरे क़दमों से दरवाज़े की तरफ चली आ रही हैं। सिया ने दोनों हाथों में पीतल की परात थामी हुई है। जबकि गार्गी के हाथों में एक काँसे की थाली झूल रही है, जिसमें एक तरफ गीली रोली रखी हुई है, तो दूसरी तरफ एक छोटा-सा जलता दीया मंद-मंद मुस्करा रहा है। गार्गी के हाथों में झूलती काँसे की थाली का आशय तो दरवाज़े पर खड़े लोगों की समझ में आ गया। मगर सिया के हाथों में थमी पीतल की परात में हिलोरें लेते सुर्ख पानी का रहस्य समझ में नहीं आया। इससे पहले कभी इस घर के किसी सदस्य ने भी ऐसा दृश्य नहीं देखा।

सिया ने अपनी दादी को सम्बोधित करते हुए कहा, "अम्माँ, लो! पहले अपनी नई पोती की आरती उतारिए!"

सिया के इतना कहते ही सबके काँसे की थाली का प्रयोजन और माहात्म्य समझ में आ गया। सिया की इस समझ पर सबको हैरानी हुई। भगवती ने अपनी पोती गार्गी से थाली लेकर शिशु की आरती उतारने लगी।

आरती उतरने के बाद जयंती आगे बढ़ने ही वाली थी कि सिया ने एक बार फिर टोक दिया, "चाची, इतनी भी क्या जल्दी है!" इतना कह वह रूपेश की तरफ मुड़ी, "चाचा, पीहू को अब आप गोद में लीजिए!"

"लो, इस मरी सिया ने तो इसका नाम भी धर दिया।" दुर्गा हँसते हुए बोली।

रूपेश शिशु को अपनी गोद में लेने के बाद, मुस्कराते हुए अपनी भतीजी सिया के अगले निर्देश का इन्तज़ार करने लगा। दरवाज़े पर खड़ी छोटी-सी भीड़ उत्सुकतावश अगली कार्रवाई की प्रतीक्षा करने लगी।

"चाचा, अब आप पीहू के दोनों पैरों के तलुओं को, इस परात के महावर घुले पानी में हल्के से डुबोइए!" सिया अपने हाथों में थमी परात की ओर इशारा करते हुए बोली।

रूपेश ने सिया के निर्देश का पालन करते हुए पीहू के तलुओं को महावर घुले पानी में डुबोया।

"अब आप इन पैरों के छाप नीचे फर्श पर छोड़िए!"

रूपेश ने सिया के निर्देशानुसार वैसा ही किया।

"चाचा, ऐसे ही पीहू के पैरों के छाप फर्श पर छोड़ते हुए आप मेरे पीछे-पीछे आइए!"

रूपेश अपने कमरे तक सिया के हाथ में थमी परात में महावर घुले पानी में, पीहू के पैरों के छाप बनाता हुआ पीछे-पीछे चलता गया। इस तरह मुख्य द्वार से लेकर, आँगन से होती हुई रूपेश के कमरे तक, छोटे-छोटे पाँवों के सुर्ख निशानों की एक छोटी-सी टेढ़ी-मेढ़ी पगडंडी बन गई। एक ऐसी पगडंडी जिसकी छाप कई दिनों तक घर के आँगन से नहीं मिटी।

पीहू के घर में प्रवेश करते ही जैसे ख़ुशियों की किलकारियाँ गूँजने लगीं। सबका जैसे उसको निहारते हुए मन नहीं भर रहा है। इसी बीच घर में चिल्ल-पों से पीहू की आँखें ख़ुल गईं। छोटी-छोटी आँखें कौतूहलवश अपने चारों ओर खड़े अनजान चेहरों को इस तरह निहारने लगी, जैसे किसी अजनबी कायनात को निहार रही है। इस बार उसे दशरथ ने गोद में ले लिया।

दुर्गा जब तक भगवती के घर रही और जब-जब उसकी नज़र बच्ची पर पड़ती, रह-रह कर उसकी आँखें भर आतीं।

"पता नहीं फूल-सी नन्ही जान को ऐसे कहीं भी फेंकते हुए लोगों का जरा भी दिल नहीं पसीजता है। वह कैसी माँ होगी जो अपने जिगर के टुकड़े को फेंककर चली गई।" दुर्गा ने आँखों को पोंछते हुए कहा।

"सही कह रही है दुर्गा, यहाँ तो मेरी इन पोतियों के जरा-सा काँटा भी चुभ जाए, तो जान-सी निकल जाती है...और फिर इस नन्ही-सी जान को ऐसे छोड़कर चले जाना, सुनकर मेरा तो कलेजा ही मुँह को आने लगता है।" भगवती ने दुर्गा का समर्थन करते हुए कहा।

फिर दुर्गा जयंती की तरफ पलटी, "बहू, बच्ची को पालते हुए भले ही अपने सारे दु:ख भूल जइयो, पर इसे कष्ट मत दीजो! बड़ी होने के बाद इसे यह महसूस नहीं होना चाहिए कि यह तेरी कोख से नहीं जन्मी है।"

"आंटी, आप बेफिक्र रहो। इसकी गारंटी जयंती क्या मैं ले रही हूँ। मैं इसे अपनी इन तीनों बेटियों की माँजाई से भी बढ़कर मान दूँगी।" रेवती ने जयंती को बोलने का जैसे मौक़ा ही नहीं दिया।

"बस बेटी, मेरी तुम सबसे यही अरज है।" इसके बाद दुर्गा ने एक लम्बी साँस लेते कहा, "हमारा क्या, हमारा तो बस चला-चली की बेला है।" दुर्गा का 'हमारे' से तात्पर्य अपने समकालीन और लगभग हमउम्र भगवती और दशरथ से था।

"चलती हूँ। वे भी सवेरे से अकेले हैं।" इतना कहकर दुर्गा जाने के लिए खड़ी हो गई।

दुर्गा अभी दरवाज़े के पास ही पहुँची होगी कि पीछे से रेवती ने टोका, "आंटी एक मिनट!"

जाते-जाते रुक गई दुर्गा।

"ये मिठाई तो लेती जाओ!" रेवती ने एक कटोरी में पाँच-छह बर्फ़ी के क़तले बढ़ाते हुए कहा।

दुर्गा ने कटोरी ली और अपने घर चली आई।

11

उग्रसेन और दुर्गा को इतना बड़ा घर जैसे काटने को दौड़ता है। वृद्धावस्था का अकेलापन क्या होता है, उसका एहसास इन दोनों को अब होने लगा है। जिस घर का जो आँगन कभी अलग-अलग तरह के पदचापों से थिरकता रहता था, अब एकदम उदास रहने लगा है। जिसकी दीवारें तरह-तरह की किलकारियों से झंकृत रहती थीं, वे जैसे मौन हो गईं। जगह-जगह कोनों में लगे मकड़ियों के जाले, और जहाँ-तहाँ जम गई धूल पर, जब-जब उन दोनों की नज़र पड़ती, वे उदास हो उठते। जो नागदत्त और अभय महीना-बीस दिन में चक्कर लगा जाते अब यह चक्कर महीनों में बदल गया। हाँ, कभी-कभी पोते ज़रूर चक्कर लगा जाते।

देखते-ही-देखते एक फले-फूले घर की रौनक वीरानी में बदल गई। किसी निर्जन तपते रेगिस्तान की तरह दूर-दूर तक दो बूढ़े दरख़्तों के सिवाय जैसे कुछ नज़र नहीं आता। घर से औलाद क्या गई, मानो उन दोनों की भूख और प्यास को भी वे साथ ले गई। अब तो बस इसका इन्तज़ार रहता कि दोनों बेटों और पोतों में से कौन कब आएगा। वे जब भी अकेले होते, अपनी पुरानी यादों की तंग गलियों में विचरना शुरू कर देते।

"वैसे हमें वसीयत में इस घर को भी उनके नाम करा देना चाहिए।"

अचानक पति के मुँह से यह बात सुन दुर्गा को हैरानी हुई कि इतने दिनों के बाद आज कैसे इसकी याद आ गई। दुर्गा समझ गई कि उग्रसेन को अब उसका

अकेलापन अखरने लगा है। पति की बात सुन एक बार वह भी विचलित हो गई। मगर बाहर से अपने आपको मज़बूत दिखाने का प्रयास करते हुए बोली, "करा देंगे, जब समय आएगा। अगर उस दिन बड़ी बहू कौशल्या यह नहीं कहती कि आपके मरने के बाद इस मकान पर किसका हक होगा, तो शायद मैं करवा देती, पर अभी रहने दो। वैसे भी हमारे मरने के बाद सब कुछ इनका ही तो है। इतना भी सब्र नहीं है कि जीते-जी तो इस मकान को हमारे पास रहने दें। ये तो जैसे हमारे मरने का इंतजार कर रहे हैं कि कब हम मरें और कब वे इस पर कब्जा करें। देखा नहीं था, जैसे ही आपने यह कहा कि जो हमारी सेवा करेगा इस मकान पर उसी का कब्जा होगा, कैसे आपस में दोनों बहुएँ झगड़ने लगी थीं।"

"मुझे तो इस बात का सबसे ज्यादा डर लग रहा है कि अगर हम इसे इनके नाम कर भी दें, तब इसका क्या भरोसा कि वे हमें इस घर में टिकने देंगे भी या नहीं।"

"छोड़ो, जब एक बार फैसला ले लिया, तो ले लिया। वे भी तो हैं जो बिना औलाद के गुजर-बसर कर रहे हैं।" दुर्गा ने एक बार फिर अपने आपको मज़बूत बनाते हुए कहा।

"यह बात तो ठीक है, मगर समाज और दुनिया तो इस बात को नहीं समझती है। वे तो यही समझेंगे कि दो-दो बहू-बेटे अगर घर से गए हैं, तो कुछ हममें ही कमी होगी।"

"बात कमी की नहीं है, बात भरोसे की है...और फिर इसकी क्या गारंटी है कि इस मकान को इनके नाम करने पर ये हमें इसमें रहने देंगे। कहीं ऐसा न हो कि ऐसा करने से हमारा यह आखिरी आसरा भी जाता रहे। जो होता है अच्छे के लिए होता है। कम-से-कम बहू-बेटों की नीयत का तो पता चल गया। रही बात दुनिया की, मुझे नहीं है उसकी चिन्ता। वैसे भी घर-घर की यही कहानी है।"

पत्नी के इस तर्क पर उग्रसेन कुछ नहीं बोला।

"जिनके लिए अपनी जिन्दगानी खपा दी, इस गाढ़े समय में एक-एक कर सब मुँह फेरकर चलते बने। सिर पर टोकरी ढो-ढो कर यह मकान बनाया तो इसलिए था कि आखिरी टैम सुख-चैन से कटेगा। यह नहीं पता था कि यही हमारा दुश्मन बन जाएगा वरना हम क्यों अपनी देह तुड़वाते।" दुर्गा का एक-एक शब्द जैसे ओस में भीगा हुआ था।

उग्रसेन समझ गया कि इस विषय पर अब बात करने का कोई लाभ नहीं है। इसलिए उसने इस पर विराम दे विषय ही बदल दिया।

"अब तो दशरथ की सबसे छोटी पोती सबसे घुल-मिल गई है?"

"इन लड़कों के बजाय तो इस घर में एकाध लड़की ही पैदा हो जाती। देखा नहीं, भगवती के घर में कैसी चिड़ियों की सी चहचहाहट मची रहती है।" रूपेश-जयंती की गोद ली हुई बच्ची की चर्चा शुरू होते ही दुर्गा उदास हो गई।

"सही कह रही है। घर तो बेटियों से ही घर जैसा रहता है। ये तो बर्फ की उन शिलाओं-सी होती हैं कि जब ये शिलाओं की शक्ल में होती हैं, तो देह झुलसाती हवाओं को ठंडे झोंकों में बदल देती हैं। जब ये पिघलती हैं तो पानी बन, सूखी रेत में मुरझाए पेड़ों-से माँ-बाप के जिस्म में जान डाल देती हैं। देखना, एक दिन यही बेटियाँ दशरथ और भगवती के बहू-बेटों को तिराएँगी।"

"तिराएँगी क्या, तिरा चुकी हैं। एक वकील बनने वाली है, तो दूसरी डाक्टर। सुना है छोटी वाली भी पढ़ने में बड़ी तेज है।"

"वैसे कुछ भी है, किसी अनाथाश्रम से बच्चे को गोद लेना और वह भी लड़की, बड़ी हिम्मत का काम है। अगर भगवती को तू तैयार नहीं करती, तो शायद वे इतना बड़ा कदम नहीं उठा पाते।"

"मैंने क्या तैयार किया। मैंने तो अपनी औलाद के लक्षणों को देखकर सलाह दी थी। इसीलिए उनकी हिम्मत बँध भी गई, पर उन माँ-बाप को तो देखो जो मासूम को पैदा करके मरने के लिए आश्रम के बाहर पटक गए। यह तो अच्छा हुआ कि किसी कुत्ता-बिल्ली की नजर नहीं पड़ी।" कहते हुए दुर्गा के शब्द भीगते चले गए।

इसके बाद देर तक दोनों के बीच एक अकल्पनीय सन्नाटा छाया रहा।

"वैसे इसका नाम इन्होंने रखा क्या है?" उग्रसेन ने सन्नाटे को बींधते हुए पूछा।

"पीहू।"

"यह कैसा नाम हुआ? लक्ष्मी, सरस्वती, पार्वती, गंगा जैसा नाम रखते।"

"यह उनकी पोतियों ने मिलकर रखा है। नए जमाने के बच्चे जो ठहरे।" दुर्गा बोली।

"चल छोड़, जो रख दिया सो रख दिया।" उग्रसेन ने बात समाप्त करते हुए कहा।

बातों-बातों में उग्रसेन और दुर्गा को पता ही नहीं चला कि कहाँ से बात शुरू हुई थी और कहाँ जाकर ख़त्म हुई। कुछ पल चुप रहने के बाद उग्रसेन पुन: बोला, "एक बात कहूँ?"

"हाँ बोलो!"

"ऐसा ना करें, एकाध कमरा किराए पर चढ़ा देते हैं।" उग्रसेन ने सुझाव दिया।

"किराया चढ़ाकर हमें कौन-सी कमाई करनी है।" दुर्गा ने एक तरह से पति का सुझाव ख़ारिज कर दिया।

"बात कमाई की नहीं है। बात इतने बड़े मकान की है। सारे कमरे वैसे भी तो खाली पड़े हैं। हम दोनों के लिए यही एक कमरा काफी है। उनके रहने से मकान की साफ-सफाई भी होती रहेगी और फिर हमारा समय भी कट जाएगा।"

"देखेंगे। अभी कौन-सी इतनी जल्दी है।" दुर्गा ने अन्यमनस्कता के साथ उत्तर दिया।

"लगता है अब भी तुझे कुछ उम्मीद है कि शायद उनमें से कोई लौट आए।"

"उम्मीद! देखा नहीं, दो महीने होने को आ रहे हैं। मजाल है दोनों में से एक भी यह जानने के लिए आया हो कि उनके माँ-बाप जिन्दा हैं या मर गए हैं। शुरू में तो एकाध बार आ भी गए थे।" झल्लाहट में शुरू हुई बात, एकाएक करुणा में बदल गई। आँखें भर आईं दुर्गा की।

"आ गया होगा कोई जरूरी काम।" उग्रसेन ने बात को हल्का करते हुए आगे कहा, "इसीलिए मैं एकाध कमरा किराए पर चढ़ाने की कह रहा हूँ। कहीं ऐसा न हो कि हारी-बीमारी के चलते किसी दिन अकेले ही चल बसें।"

"अगर भाग में यही लिखा है, तो यही सही।"

पत्नी की ज़िद के सामने उग्रसेन की एक नहीं चली। वह चुप्पी साध गया। फिर धीरे-से बोला, "तू तो भगवती की पोतियों में मन बहला आती है। मैं कहाँ जाऊँ?" उग्रसेन ने एक तरह से पत्नी से पूछा।

दुर्गा से उत्तर देते नहीं बना। उसके चुप होते ही घर एक बार फिर उदासियों से घिरता चला गया। एक बेचैन करने वाला सन्नाटा उन दोनों के बीच फिर से पसर गया।

12

समय कब चुपचाप दबे पाँव पास से गुज़र जाता है, पता ही नहीं चलता। सिया की लॉ हो गई। इधर उसने वकालत पास की उधर माँ-बाप के साथ-साथ दशरथ और भगवती के सामने एक नई चिन्ता खड़ी हो गई। हालाँकि दूर-दराज़ और आसपास के रिश्तेदारों से वे अपनी इस चिन्ता से पहले ही अवगत करा चुके हैं लेकिन कहीं से बात बन नहीं रही है।

एक दिन दशरथ ने भगवती की मौजूदगी में अपनी पोती के मन की थाह लेते हुए पूछ लिया, "सिया, बेटी अब तू सयानी हो गई है।"

"हाँ, हो गई हूँ दादाजी।" सिया ने बेहिचक उत्तर दिया। वह समझ गई कि उसके दादा का इशारा उसके किस सयानेपन की तरफ है।

"इसीलिए हम सोच रहे हैं कि कोई अच्छा-सा घर ढूँढ़कर तेरे हाथ पीले कर दें!"

"दादाजी, लगता है अब मैं आपकी आँखों में खटकने लगी हूँ?" सिया ने मुस्कराते हुए कहा।

"ऐसा नहीं है मेरी चिड़िया। बेटियाँ भी कभी खटकती हैं? मेरा तो जी चाहता है कि तुम सब मेरी आँखों के सामने, इस घर के आँगन में ऐसे ही कूदती-फाँदती रहो।" कहते-कहते दशरथ की आँखें भर आईं।

"बेटी, यह तो जमाने की रीत है। एक-न-एक दिन तो तुम सबको, एक-एक कर इस घर से जाना ही है।" भगवती के शब्द काँपने लगे।

"अगर ऐसा है अम्माँ तो मुझे नहीं जाना इस घर से।"

"कैसी पागलों जैसी बात कर रही है। मुझे नहीं जाना इस घर से, क्या मतलब हुआ इस सबका! बेटी यह तो दुनिया की रीत है। हर बेटी को एक दिन माँ-बाप की दहलीज छोड़नी पड़ती है।" भगवती ने पोती को आत्मीयता के साथ हल्के-से डाँटते हुए कहा।

"मैं तो यही सोच-सोच कर हलकान हुआ जा रहा हूँ कि इन सबके जाने के बाद यह घर कैसा लगेगा?"

दशरथ की पनीली आँखों को देख, सिया लपककर अपने दादा से लिपट गई।

"दादाजी, मैं नहीं जाऊँगी अपने इस घर से।" सिया भी इस बार भावुक हो गई।

"हुँ, अपना घर!"

भगवती ने जिस तरह कहा, सिया अपनी दादी के इस कहे का अर्थ समझ नहीं पाई।

"अम्माँ क्या कहा?"

"कुछ नहीं।" भगवती ने इतना कहा और आगे बोली, "तेरे दादा सही कह रहे हैं। अब तेरी वकालत भी हो गई। तुझे और क्या चाहिए?"

"अम्माँ, मैं मना नहीं कर रही हूँ। बस, थोड़े दिन और रुक जाओ।"

"थोड़े दिन और रुक जाओ, क्या मतलब है?" भगवती ने चौंकते हुए पूछा।

"मेरा मतलब है अम्माँ कि मुझे अभी जुडिशल का इम्तिहान देना है।"

"इससे क्या होगा, हम कुछ समझे नहीं?" भगवती ने सिया की तरफ देखते हुए पूछा।

"ये इम्तिहान जज बनने के लिए दिया जाता है।"

"वकील बनने के बाद भी तेरा पढ़ने से पेट नहीं भरा जो अभी और इम्तिहान देगी।"

"क्या हो गया अम्माँ! अभी मेरी उम्र ही क्या है।"

"लो, इक्कीस-बाईस साल की होने जा रही है और कह रही है कि अभी मेरी उम्र ही क्या है। तेरी उमर में तो मैं तेरे बाप और चाचा की माँ बन गई थी। ना बेटी। इससे ज्यादा गुंजाइश नहीं है हमारे पास।" भगवती ने साफ़ कह दिया।

"ठीक कह रही है सिया। इसे अपने मन की करने दे...और फिर इम्तिहान ही तो देना है। जहाँ इतने रुक गए, कुछ दिन और सही।" दशरथ ने इस बार हस्तक्षेप करते हुए कहा।

"जिस घर जाएगी, वहाँ कर लेगी अपने मन की। सब कुछ यहीं से करके जाएगी, तो वहाँ क्या करेगी?"

"कोई कुछ नहीं करवाता है। बेटियाँ जो कुछ कर लेती हैं, माँ-बाप के घर ही कर लेती हैं। शादी-विवाह के बाद कुछ नहीं होता। मेरा तो यह मानना है कि इस देश में ज्यादातर बेटियों के सपने यह शादी-विवाह ही कुचल देता है। अगर इसका मन कर रहा है, तो इसे करने दे।" इसके बाद दशरथ अपनी पोती की तरफ पलटा, "जा बेटी, जो तेरा मन करे, पहले उसे कर! मैं तो तेरा ऐसे ही मन टटोल रहा था।"

अपने दादा से अनुमति मिलते ही सिया उन्मुक्त गगन में विचरण करने वाले परिंदे की मानिंद, अपने पंख फड़फड़ाते हुए चली गई। उसके जाते ही भगवती चिन्तित स्वर में बोली, "यह बात आपकी सही है, पर मेरी चिन्ता यह है कि खुदा-न-खास्ता यह इस इम्तिहान में पास हो गई और किस्मत से जज बन गई, तो इसके बराबर का लड़का ढूँढ़ना मुश्किल हो जाएगा।"

दशरथ ने एक आश्वस्तिभरी गहरी साँस ली और यह कहकर बात ख़त्म कर दी, "कौन जाने, किसकी किस्मत में क्या लिखा है।"

छुट्टियों में गार्गी जब भी घर आती, उसे देख-देख कर दशरथ अन्दर-अन्दर ही परेशान होने लगता। भला जो लड़की एक समय अपनी शरारतों से पूरे घर की नाक में दम किए रहती थी, वह एकाएक इतनी गम्भीर हो जाएगी, उसने सोचा भी नहीं था। दशरथ को वे दृश्य रह-रह कर याद आते हैं, जब गार्गी एक ही साँस में, बिना रुके पूरी सौ रस्सियाँ कूद जाती थी। उसे देखकर लगता था मानो उसके पाँवों के पंजों में स्प्रिंग बँधी हुई है।

इस बार गार्गी आई और जैसे ही दुर्गा को पता चला, वह दौड़ी हुई आई। संयोग से उसे गार्गी अपनी दादी के साथ बैठी हुई मिली।

"लो, मेरी डाक्टरनी तो यहीं बैठी है।" आते ही दुर्गा ने हँसते हुए कहा।

"अम्माँ नमस्ते!" दुर्गा को देखते ही गार्गी ने उसे नमस्ते किया।

"नमस्ते।" दुर्गा ने मुस्कराते हुए उत्तर दिया। इसके बाद बिना किसी भूमिका के दुर्गा बोली, "गार्गी, बेटी घुटनों में बड़ा दर्द रहता है। कोई ऐसी दवा बता जो मरा यह दर्द जाता रहे।"

"ठीक है अम्माँ। अभी लिख देती हूँ...अच्छा रुके, मैं लाई हूँ।" इतना कह गार्गी उठी और अन्दर से एक ट्यूब दुर्गा को देती हुई बोली, "ले अम्माँ, इसे लगा लिया कर!"

गार्गी के हाथों से ट्यूब लेते हुए जो दुर्गा घुटनों के दर्द की शिकायत कर रही थी, वह जैसे बिना लगाए ग़ायब हो गया। इसी बीच जयंती पीहू को लेकर आ गई।

"ला बहू, इसे मुझे देना!"

जयंती ने पीहू को दुर्गा की गोद में डाल दिया।

"भगवती, यह तो सालेक भर की हो गई होगी?" दुर्गा ने पीहू की उम्र का अनुमान लगाते हुए पूछा।

"हाँ, अगले महीने हो जाएगी।" भगवती ने पहले स्वीकृति में सिर हिलाया, फिर थोड़ा रुककर बोली, "सारे बच्चे कह रहे हैं इसका जन्मदिन मनाना है?"

"मैं भी यही कहने वाली थी।"

"जन्मदिन मना तो लें, पर किस दिन मनाएँ?"

"भगवती, यह भी कोई सोचने की बात है। सीधी-सी बात है कि जिस दिन इसने इस घर में कदम रखा था, वही इसका जन्मदिन हुआ।"

"हम सब भी यही सोच रहे हैं।" दुर्गा द्वारा अपनी दुविधा हल होता देख, भगवती तुरन्त बोली।

"वैसे यह बात उठाई किसने?" दुर्गा ने पास में खड़ी जयंती की ओर देखकर पूछा।

"उठाई तो किसी ने नहीं। बस, ऐसे ही खयाल-सा आ गया। तुझसे एक सलाह लेनी है दुर्गा?"

"हाँ बोल!"

"मेरी सबसे छोटी पोती बुलबुल का जन्मदिन भी अगले ही महीने है..."

"मैं समझ गई तेरे मन में क्या चल रहा है।" दुर्गा मुस्कराते हुए बोली।

"क्या चल रहा है?"

"यही कि क्यों न दोनों का जन्मदिन साथ-साथ मना लें। यही न?"

"बिलकुल।"

"वैसे दोनों के दिनों में...मेरा मतलब है बुलबुल के जन्मदिन और जिस दिन पीहू इस घर में आई थी, दोनों में कितने दिन का फर्क है?"

"बहू, बुलबुल किस दिन पैदा हुई थी?" भगवती ने जयंती से पूछा।

"आंटीजी, दोनों में तीन दिन का फर्क है।" जयंती ने बुलबुल के जन्म का दिन न बताकर, दोनों के दिनों का अन्तर बता दिया।

"तो फिर एक काम करो, इस बार पीहू का पहला जन्मदिन तो बुलबुल के जन्मदिन पर मनाओ, पर इसका असली जन्म उसी दिन का रखो, जिस दिन यह इस घर में आई थी। आगे से जब भी पीहू का जन्मदिन मनाओ तो उसी दिन मनाओ।"

"मम्मीजी, आंटीजी ठीक कह रही हैं। यह सही रहेगा।"

"बात तो तेरी सही है दुर्गा। मैं आज ही बलवंत-रूपेश और इसके दादा से बात करती हूँ।" अपनी समस्या और दुविधा का समाधान हुआ देख, भगवती ने परोक्ष रूप से दुर्गा के सुझाव पर अपनी सहमति प्रदान कर दी।

दशरथ और भगवती ने जैसे ही पीहू और बुलबुल के एक साथ जन्मदिन मनाने की सहमति प्रदान की, पूरे घर में मानो उल्लास की फुलझड़ियाँ फूटने लगीं। एक साथ दो-दो जन्मदिन मनाने की ख़ुशी में बुलबुल के तो मानो पैर ही ज़मीन पर नहीं पड़ रहे हैं। सिया, गार्गी और बुलबुल तरह-तरह की योजनाएँ बनाने में जुट गईं। बस, एक जयंती है जो वैसे तो ख़ुश है मगर एक कमी और उसकी एक अभिलाषा उसे रह-रह कर कचोट रही है। जब उससे नहीं रहा गया तो अपने मन की बात अन्तत: एक दिन उसने रूपेश को बता ही दी। सुनकर एक बार तो रूपेश की भी समझ में नहीं आया कि जयंती यह क्या कह रही है? यह उसकी कैसी इच्छा है?

"जयंती, यह कैसे सम्भव है? कभी ऐसा होता हुआ देखा है?" रूपेश ने उलटा पत्नी से पूछा।

"देखा तो नहीं है, पर सुना जरूर है। दीदी की भी यह इच्छा पूरी नहीं हो पाई थी।" दीदी से जयंती का आशय अपनी जेठानी रेवती से है।

"कैसी बात कर रही हो? भाभी की इच्छा तो पूरी तब होती जब..."

"मुझे पता है कि ऐसा सम्भव नहीं था।" फिर एक पल रुककर वह बोली, "एक बात कहूँ! जब हम लड़के के बजाय लड़की गोद लेने जैसा फैसला ले सकते हैं, तो इसमें क्या बुराई है?"

"बात अच्छाई या बुराई की नहीं है जयंती लेकिन ऐसा मुश्किल है। आखिर समाज के भी कुछ कायदे-कानून होते हैं। लोगों को पता चलेगा तो वे क्या कहेंगे?" रूपेश ने पत्नी को समझाने का प्रयास किया।

"हमें लोगों से क्या लेना-देना? यह तो हमारी खुशी और मर्जी का मामला है। आप एक बार बाऊजी-मम्मीजी से बात करके देखो न!"

"पागल हो गई है क्या?" रूपेश चीख़ते हुए बोला।

"ठीक है। आप मत करना, मैं कर लेती हूँ।"

जयंती को अपने निर्णय पर अडिग होता देख, रूपेश ने सिर पकड़ लिया। फिर कुछ क्षण रुककर बोला, "अच्छा बाबा ठीक है। बात करने की कोशिश करता हूँ।"

लगभग सारी रूपरेखा तैयार हो गई जन्मदिन की। रूपेश ने अवसर ताड़कर पहले अपने आसपास के वातावरण का मुआयना किया। इसके बाद उसने माँ और बाऊजी के चेहरों की भंगिमाओं से उनके भीतर के भावों को बाँचने की कोशिश की। जब उसे यक़ीन हो गया कि अब उसे जयंती की बात रख देनी चाहिए, तब वह माँ की तरफ देखते हुए बोला, "माँ, आप दोनों से एक सलाह लेनी थी?" इतना कहकर रूपेश चुप हो गया। उसकी हिम्मत नहीं पड़ रही है कि वह कैसे अपनी बात कहे।

बेटे को अचानक चुप होता देख दशरथ समझ गया कि ज़रूर कोई ऐसी गाँठ है, जो रूपेश से खुल नहीं पा रही है। इसलिए भगवती के बजाय उसी ने पूछना उचित समझा, "कैसी सलाह?"

रूपेश ने बात को ज्यादा न उलझाते हुए, जयंती ने जैसा उससे कहा था, उसने कह दिया।

सुनते ही भगवती का मुँह खुला का खुला रह गया। उसने पहले पति की ओर देखा। इसके बाद वह रूपेश की तरफ पलटी, "रूपेश, बहू यह क्या कह रही है?"

"माँ, मैंने भी समझाने की बहुत कोशिश की, पर वह मानने को तैयार ही नहीं है। उलटा बोली कि जब हम लड़की को गोद ले सकते हैं, तब इसमें क्या बुराई है।" रूपेश ने शब्दों को चुभलाते हुए कहा।

"क्यों जी, ऐसा कहीं होता देखा है। दुनिया क्या कहेगी कि पहले तो लड़के के बजाय लड़की गोद ले ली। अब जब इससे पेट नहीं भरा तो यह नया सांग रच रहे हैं।" भगवती ने अकबकाते हुए कहा।

"होता तो नहीं है, पर इनकी बात भी ध्यान देने वाली है। वैसे ऐसे एकाध केस सुनने में जरूर आए हैं। हालाँकि मुझे भी इसमें कोई बुराई तो नजर आ नहीं रही है। इस बहाने हमारी बहुओं का मन भी रह जाएगा और..."

"आप भी कैसी बातें कर रहे हो? यह कौन-सी नई रीत हुई?" भगवती थोड़ी आक्रोश में आकर बोली।

"बात रीत की नहीं, बात आदमी की खुशी की है। वैसे ये रीति-रिवाज कोई आसमान से तो उतरकर आए नहीं हैं। इनसान ने अपनी खुशी के लिए बनाए हैं।" दशरथ ने भगवती को समझाने की कोशिश की।

"तुम दोनों बाप-बेटे की बात मेरे तो पल्ले पड़ नहीं रही है। मैं इस बारे में दुर्गा से सलाह-मसौरा करके देखती हूँ।"

"हर बात दूसरे से नहीं पूछी जाती। कुछ फैसले लेने की खुद में भी हिम्मत होनी चाहिए।"

"पूछने में बुराई भी क्या है? अगर वह हाँ कहती है तो जैसा बहू कह रही है कर लेंगे।"

"ठीक है। अगर तेरा मन नहीं मान रहा है तो उससे पूछ ले।" दशरथ ने बात समाप्त करते हुए कहा।

भगवती एक बार फिर अपने संकट-मोचक के पास पहुँच गई। घर बुलाना इसलिए ठीक नहीं समझा कि बेवजह क्यों पूरे घर को पता चले।

अधखुले गेट से अन्दर आती भगवती को देखते ही दुर्गा समझ गई कि ज़रूर यह किसी नए संकट में घिर गई है।

"आ जा!" दूर से भगवती को देखकर दुर्गा बोली।

"भाई साब नहीं हैं क्या?" कमरे में फैले मटमैले उजाले में उग्रसेन को टोहते हुए भगवती ने पूछा।

"भाई साब कहाँ जाएँगे, लेटे हुए हैं।" दुर्गा ने मटमैले उजास में कसमसाती गठरी की तरफ इशारा किया।

"चलो अच्छा हुआ जो भाई साब भी मिल गए।" भगवती ने उग्रसेन को सुनाते हुए कहा।

"लगता है अब कोई नई परेशानी आ खड़ी हुई है?" कसमसाती गठरी यानी उग्रसेन ने चारपाई पर बैठते हुए पूछा।

"ऐसा तो नहीं है कुछ, पर पास-पड़ोस में बात करने में बुराई भी क्या है।" भगवती ने अचकचाते हुए जवाब दिया।

"ऐसा क्या हो गया, जो इत्ती परेशान है।" दुर्गा ने अविलम्ब पूछा।

इसके बाद भगवती ने विस्तार से सारा क़िस्सा बयान कर दिया।

सुनने के बाद तुरन्त न तो कुछ दुर्गा से कहते बना। न उग्रसेन से कोई उत्तर देते बना। जब उन दोनों से कोई जवाब देते नहीं बना, तब भगवती ही बोली, "चलो, थोड़ी देर के लिए हम मान भी जाएँ तो दुनिया क्या कहेगी?"

"यह बात तो तेरी सही है। अच्छी बातों को सराहने वाले कम, उसकी बुराई करने वाले बहुत मिल जाएँगे।"

"देखो, अगर तुम्हें कोई एतराज नहीं है, तो दुनिया क्या कहती है उसकी परवाह मत करो। तुम सबका मन ऐसा करने को तैयार है, तो अपनी बहू की बात मान लो।" उग्रसेन ने बड़ी नपी-तुली प्रतिक्रिया दी।

"भगवती, मेरा भी यही मानना है। वैसे एक बात कहूँ ऐसा करने से एक बार तो हल्ला मच जाएगा। एक मिसाल बन जाएगी कि देखो, अभी तलक तो ऐसा लड़का होने पर होता था। दशरथ ने यह सब लड़की होने पर भी करके दिखा दिया।"

जिस समय दुर्गा यह सब कह रही थी, उस दौरान एक नई मिसाल क़ायम होने की ख़ुशी में उसकी आँखों में जैसे छोटे-छोटे जुगनू चमक उठे थे।

"फिर भी, कोई भी फैसला लेने से पहले अपने घर में अच्छी तरह सलाह-मसौरा कर लो। जहाँ तक हमारा सवाल है, तो मुझे इसमें कोई बुराई नहीं दिखती। अगर इससे तुम सबको खुशी मिलती है, तो किसी की परवाह किए बिना यह काम कर डालो।" उग्रसेन ने अपनी और अपनी पत्नी दुर्गा की ओर से अपना मत प्रकट कर दिया।

"बस यही पूछने आई थी।" फिर जाते-जाते हँसते हुए बोली, "अच्छे पड़ोसी का यही तो फायदा होता है।"

भगवती उठकर जाने लगी कि तभी उसने उग्रसेन के छोटे बेटे अभय को अन्दर आते हुए देखा। अभय ने मुस्कराते हुए उसे नमस्ते किया। भगवती ने भी अभय का अभिवादन स्वीकारते हुए उससे उसके परिवार की कुशल-क्षेम पूछी और अपने घर आ गई।

घर आकर भगवती ने अकेले में पहले अपने पति दशरथ को, उग्रसेन और दुर्गा के अभिमत से अवगत कराया। जब दशरथ ने अपनी सहमति प्रदान कर दी, तब दोनों बेटों बलवंत और रूपेश, तथा दोनों बहुओं रेवती व जयंती को बुलाकर उन्हें भी अपनी अन्तिम स्वीकृति दे दी। अपने सास-ससुर की तरफ से मिली स्वीकृति को सुनते ही जयंती ख़ुशी से फूली नहीं समाई। मारे ख़ुशी के उसकी आँखें भर आईं।

"जाओ, और अब खुशी-खुशी तैयारी करो!" अन्ततः दशरथ ने सबको विदा करते हुए कहा।

13

साँझ का झुटपुटा चारों ओर फैल गया।

इसी झुटपुटे के बीच ढोल की कानफाड़ आवाज़ से दशरथ की गली गूँज उठी। पूरे जोश के साथ ढोल बजानेवालों के पीछे, गीत गाती महिलाओं के बीचोबीच बड़े जतन से सँभालकर रखा शादी के लहँगे-चुन्नी में जयंती धीरे-धीरे मंथर गति से चल रही है। आज उसे अपनी चाल में सालों बाद एक नई धज महसूस हो रही है। सिर पर रखे पानी से भरे पीतल के लोटे में पीपल की छोटी-छोटी झूमती टहनियों, नाक तक घूँघट से ढके चेहरे के साथ, छोटे-छोटे क़दम जैसे-जैसे आगे बढ़ने लगे, आसपास के लोगों का कौतूहल बढ़ने लगा। छतों और उनके छज्जों से नीचे झाँकते चेहरों पर, जब-जब घूँघट के अन्दर से जयंती की नज़र पड़ती, तब-तब हिये में उच्छ्वास की तरंगें हिलोरें लेने लगतीं। अगर सिर पर पानी से भरे लोटे को किसी और के हाथों ने नहीं थामा होता, तो वह गर्दन उठाकर छतों और उनके छज्जों से नीचे झाँकते चेहरों को ज़रूर देखती।

सचमुच यह दृश्य दशरथ ही नहीं भगवती, रेवती, सिया, गार्गी और बुलबुल के लिए आह्लादित करने वाला था। जबकि दूसरे मोहल्ले, जहाँ से गीत गाती महिलाओं का यह हुजूम मदमस्त हाथियों के झुंड-सा गुज़र रहा है, उन्हें यह दृश्य देखकर अपनी आँखों पर यक़ीन ही नहीं हो रहा है।

चारों ओर तेज़ी से फैलते धुँधलके में दशरथ के मकान का अग्र भाग टिमटिमाती चीनी लड़ियों से ढक गया। उन्हें देखकर एक पल के लिए ऐसा लगता मानो किसी दूल्हे का चेहरा, छोटे-छोटे महकते फूलों से बने, नीचे तक झूलते सेहरे की मासूम झालरों से ढका हुआ है। फूटती रंग-बिरंगी रोशनी में दशरथ का ही नहीं, आसपास के दूसरे मकान भी नहाए हुए हैं। चीन में निर्मित इन लड़ियों और इनके बल्बों की रोशनी में नहाए अपने मकान को दशरथ बीच-बीच में निरख लेता है। सालों बाद किसी ख़ुशी के चलते ऐसी रोशनी में उसके मकानों की दीवारें भीगी हैं।

कुछ देर पहले गीत गाती महिलाओं का जो हुजूम गया था, वह अब वापिस लौट रहा है। जैसे-जैसे हुजूम घर के नज़दीक आता गया, ढोल की आवाज़ और तेज़ हो गई। घर के सामने आते ही महिलाओं का पूरा समूह, घर के बाहर लटकी झालरों की दिप-दिप करती अलग-अलग रंग की रोशनी में भीग गया। ऐसे अवसरों पर महिलाओं का समूह हो और वे नृत्य बिना रह जाएँ, ऐसा सोचा भी नहीं जा सकता। देर तक ढोल की थाप पर दशरथ के घर के सामने जाने-अनजाने पाँव थिरकते रहे। जब सबको लगा कि अब बहुत हो चुका, तब कहीं जाकर यह थिरकन रुकी।

जैसा कि उम्मीद थी बल्कि उससे भी बढ़कर जयंती के मायकेवालों ने पीहू को ही नहीं बुलबुल को भी ढेर सारे उपहार दिये। जब जयंती के मायकेवालों ने इतना दिया, तब रेवती के मायकेवाले कैसे पीछे रहते। हालाँकि रेवती के मायकेवालों ने इससे पहले सिया, गार्गी और बुलबुल के जन्म पर रिवाज़ के अनुसार पहले भी बहुत कुछ दिया। मगर उन्हें जो अनुभूति आज हो रही है, इससे पहले नहीं हुई। दशरथ-भगवती सहित बलवंत-रूपेश का मान भी बड़े भव्य तरीक़े से किया गया।

दशरथ और उसके दोनों बेटों बलवंत व रूपेश ने किसी तरह की कमी नहीं रहने दी। मोहल्ले के लोग भूल गए कि कभी उग्रसेन ने अपने पोतों के जन्मदिन पर ऐसी दावत खिलाई थी। बस, डीजे की कर्कश धुनों और ऐसे अवसरों पर बजने वाले गानों पर, ख़ास अतिथियों सहित उन लोगों के लिए 'विशेष' व्यवस्था नहीं की गई, जिनकी गृह स्वामिनियों ने सत्संग के चलते 'गुरु' लिया हुआ है। इसका परिणाम यह हुआ कि बड़े दिनों के बाद मिली है दे दारू, दो घूँट पिला दे साकिया और तेरी आँख्याँ का यो काजल, मने करे से गोरी घायल जैसे गीतों के बिना, उन गृहस्वामिनों के उन सदाचारी पतियों को बड़ी निराशा हाथ लगी, जिन्हें ऐसे अवसरों का बेसब्री से इन्तज़ार रहता है। बावजूद इसके जिसने भी दशरथ द्वारा की गई खाने-पीने की व्यवस्था देखी, उसी ने बहुत सराहना की।

अगले दिन आसपास के गली-मोहल्ले से लेकर, पूरी कॉलोनी में दशरथ और उसके बेटे-बहुओं द्वारा लिए गए इस साहसिक कदम की चर्चा होने लगी।

जिसने भी सुना उसे अपने कानों पर जैसे यक़ीन नहीं हुआ। दूर-दूर तक किसी ने ऐसा नहीं सुना, जैसा दशरथ के परिवार में हुआ। जहाँ पाँच लोग इकट्‌ठा होते, इसी की चर्चा होती।

हैरानी तो पूरे मोहल्ले को पाँचवें दिन तब हुई, जब ज्यादातर घरों में आनेवाले एक अख़बार के स्थानीय संस्करण के पहले पन्ने पर सबसे नीचे इसकी ख़बर प्रकाशित हुई। कहने का आशय यह है कि रही-सही कमी इस समाचार-पत्र ने पूरी कर दी। कई तो अख़बार को लेकर दौड़े-दौड़े दशरथ के घर भी आए। दशरथ निर्विकार भाव से अख़बार लानेवाले के सामने, चौंकते हुए ऐसी मुद्रा बनाता, मानो सबसे पहले इसकी सूचना वही दे रहा है।

उग्रसेन के पास भी यही अख़बार आता है। सुबह की चाय के साथ अख़बार पढ़ते हुए, जैसे ही उसकी नज़र इस समाचार पर पड़ी, उसने पास में बैठी दुर्गा से हुमकते हुए कहा, "लो भई, अब तो यह खबर अखबार में भी छप गई।"

"कौन-सी खबर?" दुर्गा ने सहज भाव से पूछा।

"यही दशरथ वाली।"

"इनके ऐसे क्या हो गया जो अखबार में छप गया?" दुर्गा ने थोड़ा-सा हैरान होते हुए पूछा।

"वही, इनके कुआँ पूजनेवाली बात।"

"कुआँ पूजनेवाली! इसमें कौन-सी खबरवाली बात हो गई?"

"क्यों, यह खबर नहीं है कि जहाँ सिर्फ लड़का पैदा होने पर कुआँ पुजता है, दशरथ के परिवार ने लड़की की खुशी में कुआँ पुजवाया है, वह भी एक गोद ली हुई लड़की का!"

"तो क्या इस नासपीटे अखबार ने यह भी छाप दिया है कि पीहू गोद ली हुई लड़की है?"

"हाँ।"

"यह तो अखबार वालों ने ठीक नहीं किया। यह बताने की क्या जरूरत थी कि लड़की गोद ली हुई है। जिन्हें नहीं पता था, अब चल जाएगा।" दुर्गा के चेहरे का रंग उतरता चला गया।

"हो सकता है वे लोगों को यह बताना चाहते हों कि देखो, जहाँ सिर्फ लड़का पैदा होने पर कुआँ पूजा जाता हो, वहाँ ऐसे लोग भी हैं जिन्होंने न केवल लड़की की खुशी में कुआँ पुजवाया है, बल्कि ऐसी लड़की की खुशी में पुजवाया जो उनकी अपनी सगी नहीं है।"

"भले ही अखबार वालों की यह मंशा रही हो, पर पता नहीं क्यों मुझे यह अच्छा नहीं लग रहा है।" दुर्गा पति की आधी बात से सहमत होते हुए आगे बोली, "वैसे इन अखबार वालों को इसके बारे में पता कैसे चला?"

"जो भी है, पर एक बात तो है कि यह खबर उन लोगों के लिए रामबाण का काम करेगी, जो लड़का और लड़की में भेद करते आए हैं। मैं अभी आया। दशरथ को इसकी सूचना देकर आता हूँ।" इतना कह उग्रसेन दशरथ के घर की तरफ चला गया।

सामने से उग्रसेन को आता देख, दशरथ को समझते हुए देर नहीं लगी कि उनका यह पड़ोसी भी दूसरों की तरह आज के अखबार में छपी उसी ख़बर की सूचना देने आ रहा है।

"भई दशरथ, बहुत बधाई हो!" जाते ही उग्रसेन हँसते हुए बोला।

"क्या बधाई मेरे यार, मैं तो सवेरे से तंग आ गया इस बधाई को लेते-लेते।" दशरथ ने अन्यमनस्कता का आवरण ओढ़ते हुए जवाब दिया।

"कैसी बात कर रहे हो यार! भई, बड़े किस्मत वाले हो जो अखबारों में नाम चमक रहा है।"

"वो बात तो ठीक है लेकिन..."

"लेकिन-वेकिन कुछ नहीं। थोड़ी देर के लिए यह सोचकर देखो कि जिस लड़की के इस घर में आने से तुम्हारा नाम दूर-दूर तक फैल गया, वह इस परिवार के लिए कितनी भाग्यशाली होगी?"

इस बार दशरथ से कुछ भी जवाब देते नहीं बना। इस बीच रूपेश भी आ पहुँचा।

"अरे रूपेश, यह खबर अखबार वालों के पास पहुँची कैसे?" असल में उग्रसेन जिस प्रयोजन के तहत यहाँ आया था, उस पर आते हुए पूछा।

"ताऊजी, मेरे साथ काम करनेवाले का एक भाई इस अखबार में काम करता है। उसने जब यह बात अपने भाई को बताई, तब उसका भाई बोला कि यह तो अपने आप में बहुत बड़ी खबर है। कल सुबह उसका फोन आया था। मैंने ही उसे सारी बात बताई थी।"

"अच्छाऽऽऽ तभी मैं कहूँ कि इस अखबार वाले को सारी बात कहाँ से पता चली।" फिर एक पल रुककर उग्रसेन बोला, "लेकिन यार, तेरी आंटी एक बात को लेकर बड़ी नाराज है।"

"किस बात को लेकर?" रूपेश ने अकबकाते हुए पूछा।

"यही कि उसे लड़की के बारे में यह नहीं लिखना चाहिए था कि यह गोद ली हुई है।"

"यह बात तो मैं भी इससे कह चुका हूँ।" रूपेश के जवाब देने से पहले, दशरथ ने दुर्गा की नाराज़गी से सहमत होते हुए कहा।

"मैंने उससे मना किया था लेकिन अब छाप दिया, तो छाप दिया।" रूपेश सफ़ाई देते हुए बोला।

"चलो, अब जो तीर कमान से निकल गया, वह तो वापिस आने से रहा।" अन्ततः उग्रसेन ने विषय को विराम देते हुए कहा।

बुलबुल सवेरे से परेशान है कि अगर उनके बारे में अखबार में समाचार छप गया तो क्या हो गया। जैसी और बातें इसमें छपी हुई हैं, यह भी छप गई। इसमें घर आकर बधाई देने की क्या बात हो गई। जब उससे नहीं रहा गया, तब सीधे अपने दादा के पास आई।

"दादाजी, आज सवेरे से लोग आपको किस बात की बधाई देने आ रहे हैं?" बुलबुल ने अपने दादा से भोला-सा सवाल किया।

"बेटी, हमारे कुआँ पूजने की खबर अखबार में जो छपी है।"

"वो तो और भी छपी हैं। इसमें कौन-सी नई बात हो गई और फिर ये तो रोजाना छपती हैं?"

"जरूर छपती हैं, पर यह उनसे अलग खबर है।"

"अलग कैसे हो गई दादाजी?"

"इसलिए कि लोग तभी कुआँ पुजवाते हैं, जब उनके यहाँ बेटा पैदा होता है।"

"बेटी होती है तब नहीं पुजता?"

"नहीं।"

"फिर आपने क्यों पुजवाया?"

"इसलिए कि हमारी पीहू हमारा बेटा है।"

"अगर पीहू बेटा है तो सिया, गार्गी दीदी और मैं क्या हूँ?"

"तुम सब भी हमारे बेटे हो। बेटे हो तभी तो हमने अपनी पीहू और बुलबुल के जन्मदिन पर कुआँ पुजवाया है, समझी?"

"हाँ, यह बात तो है दादाजी।" बुलबुल भ्रमित हो गई।

"अब जाओ और जाकर अपना काम करो!" इससे पहले कि बुलबुल कोई और असहज सवाल कर बैठे, दशरथ ने उसे वहाँ से भेज दिया।

रात को सोने से पहले देर तक दुर्गा की आँखों के सामने अँधेरे में किलकारी मारती पीहू का चेहरा घूमता रहा। कुआँ पूजन के दिन रेवती और जयंती के मायके से आईं चाँदी की छोटी-छोटी पैजनियाँ और हाथों में पहने हुए घुँघरुओं वाले कड़ों को जब-जब पीहू किलकती हुई हवा में हिलाती है, तब एक बड़ा ही मनोहारी और अलौकिक दृश्य पैदा होता है।

अचानक दुर्गा के आँखों के सामने वह दृश्य कौंध जाता है, जब वे अनाथालय में इसे गोद लेने गए थे। अबोध पीहू को तो उस दिन इसका इल्म भी नहीं रहा होगा कि आज वह दान में मिले, अकेले पड़े जर्जर पालने से निकलकर, हाथों के बने गर्म पालने में चली जाएगी। सोचते-सोचते दुर्गा की आँखें इस कल्पना के चलते भर आईं कि अगर पीहू को रूपेश और जयंती गोद नहीं लेते, तो आज वह उसी

अनाथाश्रम के सीलनभरे कमरे के एक कोने में रखे जर्जर पालने में पड़ी, हाथों के बने गर्म पालने के लिए तरस रही होती। दुर्गा का कलेजा इस कल्पनाभर से मुँह को आने लगा कि जब-जब यह आश्रम में भूख से बिलखती रही होगी, तब इसकी कौन सुध लेता होगा। पालने में अकेली पड़ी उसकी निर्निमेष आँखें छत के नीचे बन्द छोटे-से आसमान में किसे तलाशती रहती होंगी?

सोचते-सोचते उसके कान भगवती की दीवारों और खिड़की-दरवाज़ों पर टिक गए। रह-रह कर उसे लगने लगा जैसे भगवती के घर से पीहू के रोने की आवाज़ आ रही है। वह बेचैन हो उठी। उठकर बाहर आई और कोशिश करने लगी यह जानने की कि, क्या सचमुच पीहू रो रही है। देर तक वह सुनने का प्रयास करती रही। मगर भगवती के घर से उसे ऐसी कोई आवाज़ नहीं आई। दुर्गा वापिस आई और एक निश्चिन्तताभरी साँस लेते हुए लेट गई। इस बार उसे पता ही नहीं कि अँधेरे में कब उसकी आँखें लग गईं।

अलसाई-सी ख़ाली दोपहरी में भगवती बरामदे में बैठी, अतीत की अँगुलियों में फँसी सलाइयों में पड़े फंदों में उलझी हुई थी कि अचानक कॉल बेल बज उठी। अचानक बज उठी कॉल बेल को सुन वह वर्तमान में लौट आई। जब तक भगवती किसी से गेट खोलने के लिए कहती, जयंती ने लपककर गेट खोल दिया।

"कौन है?" जयंती की ओट में छिपी आकृति की तरफ इशारा करते हुए भगवती ने पूछा।

"वही सब्जीवाली आंटी है।" जयंती ने बताया।

"अच्छा अख्तरी है! आ जा, आज तो बहुत दिनों में दिखाई दी है?" सामने गेट से जयंती के पीछे-पीछे आती भगवती ने हँसते हुए अख्तरी को बुलाते हुए पूछा।

"दिखाई तो तब दूँ जब फुरसत मिले। वो भी सात-आठ दिन पहले मैं यहाँ से जा रही थी, तो घर में कुछ चहल-पहल देखकर सोचा कि लगता है किसी पोती का ब्याह कर रही हैं!" अख्तरी ने अनुमान लगाते हुए कहा।

"अच्छा उस दिन। वो तो नई पोती का कुआँ पूजन था।"

"नई पोती! यह कौन-सी पोती हो गई जिसका कुआँ पुजवाया है? मैंने तो अभी तक लड़के का ही कुआँ पुजता देखा और सुना है।" अख्तरी ने मुस्कराते हुए पूछा।

"वो क्या है कि छोटे बेटे-बहू ने पोती गोद ली थी। तू तो जानती ही है कि बड़ी बहू के भी सारी लड़कियाँ हैं। इसलिए दोनों बहुएँ बोलीं कि हम तो कुआँ पुजवाएँगे।"

"अच्छाऽऽऽ! इस बारे में बात हो तो रही थी। वैसे यह अच्छा किया कि कुआँ पुजवा दिया। कम-से-कम इस बहाने बहुओं के अरमान और चाव तो पूरे

हो गए।" भगवती द्वारा चहल-पहल का कारण बताने पर अख्तरी ने आगे कहा, "जरा उसे बाहर तो मँगा!"

"बहू, पीहू को लइयो जरा!" जयंती को आवाज़ देते हुए भगवती बोली।

कुछ ही क्षणों में जयंती ने पीहू को लाकर उसे अख्तरी की गोद में डाल दिया। अख्तरी अपलक देर तक पीहू को निहारती रही। जिस तरह वह पीहू एकटक अपरिचित अख्तरी को और अख्तरी पीहू को निहार रही थी, उससे भगवती भाँप गई कि अख्तरी के मन में इस समय क्या चल रहा होगा। देर तक निहारने के बाद अख्तरी ने गर्दन उठाई, तो उसके गीले कोरों को देख, उसे अपने अनुमान की पुष्टि हो गई। इसके बाद अख्तरी ने भगवती की तरफ देखा, और लगभग काँपते शब्द और लरज़ती आवाज़ में बोली, "भगवती बी, यह तो तुमने बड़ा सवाब का काम किया है। अल्लाह की इस नेमत को एक नई जिन्दगानी देके तुमने कितना बड़ा काम किया है, मेरे पास अल्फाज नहीं हैं।" फिर धीरे-से उसने अपनी दाईं आँख के कोर से, अपनी कनिष्ठिका के पोर में हल्का-सा अंजन लगाया,तथा पीहू के माथे पर एक छोटा-सा टीका लगा, यह कहते हुए उसे वापिस जयंती को दे दिया, "अल्लाह इसे, सदा सलामत रक्खे। किसी की नजर न लगे। हर अजाप से महफूज रहे।"

जयंती को देने के बाद अख्तरी ने पहले पीहू की बलाएँ लीं और बग़ल की जेब से दस रुपए निकालकर, पीहू की मुट्ठी में दबा दिये। अख्तरी को ऐसा करता देख, सब उसे चुपचाप देखती रहीं। भगवती कुछ नहीं बोली। जयंती और रेवती का तो कुछ मतलब ही नहीं था।

"मैं पीपलवाले पीर के खादिम से किसी दिन तावीज लाकर दे जाऊँगी।"

"अख्तरी, बीच-बीच में कभी-कभार ऐसे ही चक्कर लगा जाया कर। आ जाती है तो मन बहल जाता है।"

"दुकान से फुरसत मिले तब न। वो भी आज यहाँ से जा रही थी, तो अचानक याद आया कि पूछती चलूँ कि कौन-सी पोती के हाथ पीले करे हैं।" अख्तरी बोली।

"जब करूँगी तो जरूर याद करूँगी।" भगवती ने हँसते हुए पीछे से अख्तरी को टोकते हुए कहा।

14

सिया ने ज्युडिशियल की पहली सीढ़ी पार कर ली, अर्थात् उसने ज्युडिसिअरी का प्री-टेस्ट क्वालीफ़ाई कर लिया। इस ख़बर ने पूरे घर की सुप्त धमनियों में एक बार फिर से उत्साह के रक्त का नया संचार पैदा कर दिया। जब से

प्री-टेस्ट क्वालीफ़ाई करने की घोषणा हुई है, सिया की देह-भाषा ही बदल गई है। एक नए आत्मविश्वास ने उसकी कल्पनाओं को तरह-तरह के पंख देने शुरू कर दिये।

इधर जैसे ही इसकी भनक दुर्गा को लगी, वह लगभग दौड़ते हुए आई और आते ही शिकायत भरे लहजे में बोली, "सिया, बेटी अभी तो तू जज्ज बनी भी नहीं है जब तेरा यह हाल है। जिस दिन बन जाएगी, तू तो हमसे बात भी नहीं करेगी!"

"मैंने कहा था न कि जा अपनी दुर्गा अम्माँ को भी बता आ।" भगवती ने पोती का बचाव करते हुए झूठ बोला।

"अम्माँ, कैसी जज। अभी तो लिखित इम्तिहान ही पास हुआ है।"

"और कैसा इम्तिहान पास करेगी?" दुर्गा ने सवाल किया।

"असल चीज तो अभी बची हुई है। मेरा मतलब है, अभी तो इंटरव्यू बाकी है।"

"वो भी हो जाएगा। करतार उसका भी बेड़ा पार करेगा।" दुर्गा दोनों हाथों को जोड़, आँखों को धीरे-से मूँदकर बोली।

"अम्माँ, इतना आसान थोड़े ही है। मेरा तो दिल बैठा जा रहा है कि पता नहीं कैसा इंटरव्यू होगा। बहुत घबराहट हो रही है।"

"कुछ नहीं होगा। अगर तुझे अपनी मेहनत और अपने आप पर भरोसा है, तो इसमें भी तू जरूर कामयाब होगी। वैसेऽऽऽ एक बात कहूँ, पता नहीं क्यों मेरा मन कह रहा है कि हमारी सिया जरूर जज्ज बनेगी।"

सिया ने देखा कि जिस समय दुर्गा यह सब कह रही थी, उसकी आँखों में एक अलौकिक विश्वास तैर रहा था। कुछ देर पहले उसका जो आत्मविश्वास डगमगा-सा गया था, वह फिर से तनकर खड़ा हो गया।

"और गार्गी के क्या हाल हैं। कब आ रही है वह डाक्टरनी बनके?" दुर्गा ने मुस्कराते हुए भगवती से पूछा।

"अभी कहाँ। अभी तो डेढ़ साल बचे हुए हैं।" भगवती ने अनुमान से बताया।

"मुझे तो उसने ऐसी ट्यूब दी कि मेरा तो घुटनों का दर्द ही जाता रहा। मजाल है उसके बाद जो आज तक हुआ हो। मैं तो अब उस दिन की बाट देख रही हूँ, जब गले में लटके आले की डिबिया को छाती पर लगाकर कहेगी, अम्माँ, जरा जोऽऽऽर की साँस लेना।" इतना कहकर दुर्गा ने सचमुच ज़ोर की साँस ली।

दुर्गा की इस सुखद कल्पना पर भगवती से हँसे बिना नहीं रहा गया।

"एक बात कहूँ भगवती, ये बेटियाँ ही हम दादा-दादी और माँ-बाप की सार-सँभाल करती हैं। ये बेटियाँ ना हों न, तो पता नहीं इनका क्या हाल हो। बेमतलब हम बेटों की चिन्ता में अपनी जिन्दगानी खपा देते हैं। अब बता मुझे ही क्या मिला? जब हमारे दिन आए तो छिटककर दूर चले गए। बना लो जमीन-जायदाद। क्या फायदा हुआ इस सबका। कभी-कभी तो जी करता है कि सब कुछ छोड़-छाड़ कर संन्यासी बन, सदा के लिए तीरथ पर निकल जाएँ।"

जब तक दुर्गा बोलती रही, भगवती ने कुछ नहीं कहा। वह जानती है कि जब दुर्गा अपने घर में अकेलेपन से जूझते-जूझते परास्त होने लगती है, तब वह यहीं आकर अपना गुबार निकाल, मन को हल्का कर लेती है।

"ठीक है। अब चलती हूँ। वे भी बाट देख रहे होंगे।" दुर्गा जाने के लिए खड़ी हो गई। मगर तभी जैसे उसे कुछ याद आ गया और जाते-जाते बोली, "सिया, बेटी घबराना मत। हिम्मत से काम लेना!"

इतना कहकर दुर्गा अपने घर चली गई। उसके जाने के बाद सिया को लगा जैसे दुर्गा का कहा, यह हिम्मत बँधानेवाला वाक्य उसने सिया के लिए नहीं बल्कि अपने लिए कहा है।

जैसे-जैसे इंटरव्यू का दिन नज़दीक आने लगा; सिया का न खाने को मन करता, न पीने को। न खाने की सुध, न पीने की। पूरी-पूरी रात किताबों में निकाल देती। एक दिन दशरथ ने पोती को समझाया भी, "सिया, बेटी ऐसे कैसे काम चलेगा...और फिर होगा वही,जो भाग्य में लिखा है।"

"दादाजी, आप भी न, कभी-कभी बड़ी दकियानूसी भरी बातें करते हैं।"

"दकियानूसी भरी?" दशरथ ने चौंकते हुए पोती की तरफ देखते हुए प्रत्युत्तर में पूछा।

"और क्या। इसमें भाग्य क्या करेगा? दादाजी, भाग्य तो इनसान के हाथ में होता है। मैं दिन-रात इतनी मेहनत क्यों कर रही हूँ। इसलिए कि जिसे आप भाग्य कह रहे हैं, वह भी एक बार मजबूर हो जाए कि एक इनसान जो इतनी मेहनत कर रहा है, मुझे उसकी मदद करनी चाहिए।"

पोती की इस दार्शनिक भरी बातों को सुन, दशरथ ने उसकी आँखों में ध्यान से देखा। उसे लगा मानो सिया की आँखों में उसका आत्मविश्वास कूट-कूट कर भरा हुआ है।

"अच्छा बेटी, जैसी तेरी मर्जी।" इतना कहकर दशरथ सिया के कमरे से बाहर निकल आया। अपने कमरे में आते हुए वह यही सोचता रहा कि जिस सिया में उसे अभी तक एक मासूम पोती का अक्स नज़र आता था, वह अब बड़ी हो गई है। परिपक्वता की दहलीज़ पर क़दम रख चुकी पोती की बातों को सुन दशरथ ने जैसे ख़ुद से कहा, 'सिया, तू सही कह रही है। बेटी, मैं सचमुच दकियानूसी विचारों वाला हूँ।'

यह बात दशरथ ने जब भगवती को बताई, तब सुनकर एक पल के लिए उसे भी हैरानी हुई। मगर इस हैरानी के साथ धीरे-धीरे भगवती के भीतर पल रहा डर भी अन्ततः उसके होंठों पर आ गया, "मेरी मानो तो इस इंटरव्यू के बाद भाग-दौड़ तेज कर दो। कहीं ऐसा न हो कि जज बनने के चक्कर में लड़की हाथ से ही निकल जाए?"

दशरथ की पेशानी पर एकाएक चिन्ता की लकीरें गहरी होती चली गईं, "यह बात तो सही कह रही है।"

"बलवंत भी मुझसे कई बार कह चुका है कि माँ इतनी पढ़ी-लिखी लड़की के लिए, लड़का भी तो वैसा ही पढ़ा-लिखा होना चाहिए।"

"खाली पढ़े-लिखे होने से ही काम नहीं चलनेवाला। लेन-देन भी तो उसकी हैसियत के मुताबिक होना चाहिए।"

"मेरी तो वकालत पास करते ही इसके हाथ पीले करने की इच्छा थी। मगर आपने सुनी हो तब न। आपने ही इसे इसकी इजाजत दे दी।"

"उन बातों को अब छोड़।" दशरथ बात ख़त्म करने की ग़रज़ से बोला।

"कैसे छोड़ दूँ? कम पढ़ी-लिखी के लिए तो आसानी से लड़के मिल जाते हैं। असली परेशानी तो ज्यादा पढ़-लिख जाने पर आती है। इतना पढ़ा-लिखा देने के बाद ऐसे तो किसी ऐरे-गैरे के साथ हाँक नहीं दी जाएगी।"

दशरथ को पत्नी के तर्क में दम नज़र आया। वह भी अन्दर-ही-अन्दर विचलित हो गया। इसके बावजूद उसने भगवती को ऐसा लगने नहीं दिया कि उसकी चिन्ता कितनी जायज है।

"ठीक है, मैं भाग-दौड़ करता हूँ। कुछ से इस बारे में बात करता हूँ, पर पहले इसे आराम से अपना इंटरव्यू देने दे।" दशरथ ने भगवती को समझाते हुए बात यहीं समाप्त कर दी।

प्री-टेस्ट के बाद सब सिया के परिणाम का इन्तज़ार करने लगे। सच तो यह है कि अब सबकी चिन्ता इस बात को लेकर बढ़ गई कि अगर ख़ुदा-न-ख़्वस्ता सिया का चुनाव ज्युडिसिअरी में हो गया, तब वे इसके बराबर का लड़का कहाँ ढूँढ़ेंगे? लेकिन चाहने और कल्पना करने से सारी मुराद पूरी नहीं होती अर्थात् सिया का राज्य न्यायिक सेवा में चयन नहीं हुआ। भले ही सिया जज बनते-बनते रह गई मगर परिवार को इस बात की तसल्ली है कि उसने पूरी जी-जान से मेहनत की। जज न सही, कोर्ट में वकालत तो कर ही सकती है। इधर सिया वकालत की तैयारी करने लगी, उधर गार्गी का एमबीबीएस लगभग पूरा हो गया।

अब दशरथ और भगवती की एक नहीं, दो-दो पोतियों की चिन्ता में जैसे रातों की नींद उड़ गई। यह चिन्ता तब एक लाचारी में बदल जाती, जब बीच-बीच में बलवंत आकर पूछता, "बाऊजी, कहीं से कोई खबर आई।"

बलवंत के इस सवाल पर दशरथ का निराशा में डूबा उत्तर मिलता, "नहीं, अभी तक तो कोई सन्तोषजनक जवाब आया नहीं है। जो एकाध आए हैं, वे मुझे कुछ जमे नहीं।"

एक दिन तो ऐसे ही जवाब को सुन बलवंत झल्ला गया, "बाऊजी, ऐसे कैसे काम चलेगा। आखिर कब तक हम इंतजार करेंगे? मेरा तो मानना है कि इस बार जो ठीक-ठाक रिश्ता मिले, उसके लिए आप हाँ कर दो।"

"बेटा, मुझे तुम लोगों से ज्यादा चिन्ता है। रिश्तों के मामले में फैसले बहुत सोच-समझ कर लेने पड़ते हैं। सारी बातें देखनी पड़ती हैं।" दशरथ ने बिना उत्तेजित हुए बलवंत को समझाने की कोशिश की।

"मेरी तो कुछ समझ में नहीं आ रहा है बाऊजी।" बलवंत हताश होते हुए बोला।

बलवंत की हताशा में दशरथ को एक बेटे की नहीं, एक पिता की चिन्ताओं का प्रतिबिंब साफ़ नज़र आ रहा है।

"ठीक है, इस बार कोई ठीक-ठाक सा संजोग भिड़ गया, तो मैं हाँ कर देता हूँ।" दशरथ ने बेटे को आश्वस्त करते हुए कहा।

15

सचमुच इसे संजोग ही कहा जाएगा कि छह महीने के अन्दर, जैसा पूरा परिवार चाहता था, वैसा एक सजातीय सुसंस्कृत परिवार उनके हाथ लग गया। समय निकालकर बलवंत और रूपेश दोनों भाई एक दिन लड़के को देख भी आए। पूरी तरह घर-परिवार से सन्तुष्ट होने के बाद जब अपने फैसले से उन दोनों ने सबको अवगत कराया, तब बेहिचक सबने अपनी स्वीकृति और सहमति प्रदान कर दी। इस बीच भगवती ने दुर्गा को भी सारी बात बता दी। लड़का कैसा है। क्यां करता है। परिवार कैसा है। सबसे बड़ी बात इस परिवार की यह है कि एकदम छोटा-सा परिवार है। आजकल के हिसाब से एकदम आदर्श परिवार। एक ऐसा आदर्श परिवार जिसके बारे में यह मान्यता और धारणा बन चुकी है कि इस देश की लड़कियाँ ऐसे परिवारों में शादी के बाद कहीं ज्यादा सुख पाती हैं। न ननद का झंझट। न देवरानी-जेठानी की टेंशन। न ज़मीन-जायदाद के बँटवारे की किचकिच। न किसी के रोब-दाब का टंटा। कहने का तात्पर्य यह है कि वह अपने माँ-बाप की इकलौती सन्तान है।

जिस समय भगवती हुमक-हुमक कर इस 'आदर्श' परिवार के गुणों का बखान कर रही थी, दुर्गा के चेहरे पर एक के बाद एक भाव आ-जा रहे थे। अन्त में भगवती ने अपने निर्णय से दुर्गा को यह कहते हुए अवगत कराया, "दुर्गा, ऐसा घरबार नसीबवालों को मिलता है।"

भगवती अपनी बात समाप्त कर दुर्गा की प्रतिक्रिया का इन्तज़ार करने लगी। भगवती के निर्णय को सुन दुर्गा चुप रही। तुरन्त उससे कोई प्रतिक्रिया देते नहीं बना। मगर जब उसे लगा कि अच्छे पड़ोसी होने के नाते कुछ-न-कुछ तो कहना है, हिम्मत कर, मन को थोड़ा कुछ कठोर करते हुए बोली, "भगवती, तेरी सारी बात सही है। अच्छा घरबार है। लड़का पढ़ा-लिखा है पर तेरी एक बात से मैं सहमत नहीं हूँ।"

"कौन-सी बात?" भगवती को ऐसी अप्रत्याशित और ठंडी प्रतिक्रिया की उम्मीद नहीं थी।

"यही कि लड़का अपने माँ-बाप की अकेली औलाद है। न कोई भाई, न बहन। अरे, परिवार भी परिवार जैसा होना चाहिए। कल जब सिया के बाल-बच्चे होंगे, तब वे किसे तो चाचा कहेंगे, किसे ताऊ? किसे बुआ कहेंगे, किसे चाची-ताऊ? मामा तो उनके पहले से कोई है नहीं। एक बात कहूँ, ऐसे ही झूठे सुख ने एक-एक करके सारे रिश्ते-नाते खत्म कर दिये। अकेला सुख और खुशी भी किस काम की। बाकी तुम्हारी मर्जी।"

दुर्गा के तर्क ने भगवती को दुविधा में डाल दिया।

"हम भी तो ऐसे ही भरे-पूरे परिवारों में ब्याह कर आए हैं। एकाध ननद या देवरानी-जेठानी हो, तो कम-से-कम एक-दूसरे से अपना दु:ख-दर्द तो बाँट सकती हैं। सबसे बड़ी बात यह कि दोनों मियाँ-बीवी चले जाएँगे दूसरे शहर में, और सिया के सास-ससुर अकेले घर में पड़े दीवारों से बतियाते रह जाएँगे। वे भी तो कुछ उम्मीद लगाकर बैठे होंगे।"

"अभी कौन-सी बात पक्की हो रही है। पहले सिया से तो पूछने दो।" भगवती का उत्साह ठंडा पड़ता चला गया।

इस दौरान घर में तरह-तरह की योजनाएँ बनती रहीं। एक तरह से पूरी तैयारी कर ली गई।

दूसरे दिन छुट्टी होने के कारण सब घर पर मौजूद हैं। दशरथ और भगवती ने मौक़ा देखकर पहले बात करने का आधार तैयार किया। फिर पहले से तकिए के नीचे रखे एक फोटो को भगवती ने धीरे-से निकाला, और उसे बड़ी सफ़ाई से सिया के सामने रखते हुए दशरथ से बोली, "लड़का तो सुन्दर है।"

मगर सिया ने इसमें जैसे कोई रुचि नहीं दिखाई। बेरुख़ी के साथ फोटो एक तरफ सरका दिया। सिया के इस रूखेपन को देख, इस बार मोर्चा दशरथ ने सँभाल लिया।

"सिया, बेटी देखना यह लड़का कैसा है?" दशरथ ने पोती से बिना किसी भूमिका के पूछा।

"अच्छा है दादाजी।" सिया ने बड़ी सहजता से उत्तर दिया।

"देख बेटी, हर माँ-बाप को अपने बच्चों की चिन्ता होती है। एक उम्र के बाद सबको उनकी शादी-विवाह के बारे में सोचना पड़ता है।"

"तो मैं कब मना कर रही दादाजी लेकिन पहले मैं कहीं अपनी प्रैक्टिस तो शुरू कर दूँ।"

"बेटी, बड़ी मुश्किल से यह घर और लड़का हाथ आया है।"

"दादाजी, ऐसी कौन-सी जल्दी है?"

सिया के इस झल्लाहटभरे व्यवहार को देख, दशरथ ने अब उससे सीधे-सीधे बात करना उचित समझा।

"देख बेटी, तेरे मन में क्या है साफ-साफ बता। अगर कोईऽऽऽ..." दशरथ ने जानबूझकर अपना वाक्य अधूरा छोड़ दिया।

"आप मेरी टेंशन छोड़ दो न!"

सिया ने जिस आत्मविश्वास के साथ कहा, दशरथ ने पोती से सीधे-सीधे पूछ लिया, "बेटी, अगर तूने ऐसा कोई फैसला कर रक्खा है...मेरा मतलब हैऽऽऽ...तू समझ रही है न, मैं क्या कहना चाह रहा हूँ?"

सिया ने फिर कोई जवाब नहीं दिया। बस सकुचाकर रह गई।

"देख बेटी, हम कोई दबाव नहीं डालेंगे लेकिन हमें पता तो होना चाहिए?"

"दादाजी..." कहते-कहते रुक गई सिया।

"हाँ-हाँ बोल!"

"दादाजी, आप सही सोच रहे हैं।"

"सही सोच रहे हैं, क्या मतलब? तू यह क्या कह रही है?" भगवती ने अचकचाते हुए पूछा।

"एक मिनट।" दशरथ ने पत्नी को बीच में रोक दिया। इसके बाद वह सिया की तरफ मुड़ा, "बेटी कौन है? कैसा घर है?"

"कौन बिरादरी है?" दशरथ के कुछ और पूछने से पहले भगवती ने बीच में पूछा।

"अम्माँ, बिरादरी का तो मुझे कुछ पता नहीं। न मैंने कभी पूछने की कोशिश की।"

"पूछने की कोशिश नहीं की! तू बौरा तो नहीं गई है? ऐसे कैसे गैर-बिरादरी में..."

"थोड़ी देर चुप तो कर!" दशरथ ने भगवती को हल्के से डाँटते हुए कहा, "हाँ, बेटी सिया आगे बता?"

"दादाजी, मेरा बैचमेट रहा है।"

"बैचमेट मतलब?" भगवती ने झुँझलाते हुए पूछा।

"अम्माँ, वकालत में एक साथ पढ़े हैं।"

"वो तो ठीक है, पर उसकी जात-बिरादरी, घर-परिवार?"

"अम्माँ, घर-परिवार अच्छा है लेकिन जात-बिरादरी का मुझे पता नहीं।"

"यानी किसी के भी साथ ब्याह कर लेगी? जात-बिरादरी, समाज इसका कोई मतलब नहीं है?"

"अम्माँ, ये सब पुरानी बातें हैं। मुझे उसकी जात-बिरादरी से क्या लेना-देना?"

"क्यों नहीं है लेना-देना?"

"मैं इन चक्करों में नहीं पड़ती अम्माँ।"

सिया ने जिस दृढ़ता के साथ अपनी दादी को उत्तर दिया, भगवती ने यह कहते हुए सिर पकड़ लिया, "हे राऽऽऽम! इस लड़की ने हमें कहीं का नहीं छोड़ा।"

"तू थोड़ी देर चुप नहीं रहेगी!" दशरथ ने दादी-पोती के बीच होती बहस और तर्क-वितर्क को शान्त करने की ग़रज़ से हस्तक्षेप करते हुए दुर्गा को डाँट दिया।

"कैसे चुप रहूँ? यह सब आपका किया-धरा है। न इनको इतनी छूट देते, न यह हाथ से निकलती। मुझे तो अब उस डाक्टरनी का भी डर लग रहा है कि कहीं उसने भी अपना जुगाड़ न कर लिया हो। लोग सुनेंगे तो यही कहेंगे कि लेन-देन से बचने के लिए लड़कियों को खुला छोड़ दिया।"

"अम्माँ, एक बात पूछूँ?"

"हाँ पूछ!"

"जब पीहू को गोद लिया था, तब यह पता किया था कि वह कौन है? उसकी जाति क्या है? अजीब ढकोसला है कि जब बेटा-बेटी का कहीं रिश्ता तय करो, तभी यह जाति-बिरादरी याद आती है।"

सिया ने अगनी दादी की आँखों में उतरते हुए जिस तरह सवाल किया, भगवती से इसका कोई उत्तर देते नहीं बना।

"सिया, बेटी तू जा।" दशरथ ने दादी-पोती के मध्य बढ़ते तर्क-वितर्क को शान्त करने के लिए सिया को अपने पास से अन्दर भेज दिया।

अपने दादा का आदेश सुन सिया वहाँ से उठकर चली गई।

16

कुछ देर पहले जिस घर के कोनों-अँतरों से तरह-तरह की कल्पनाओं और मंगल ध्वनियों की स्वर-लहरियाँ फूट रही थीं, वे एकाएक ख़ामोश हो गईं। नित नई-नई योजनाओं की रँगोलियों में तरह-तरह के रंग भरे जा रहे थे, वे रंग अचानक बेरंग हो गए। भगवती ने बड़े आग्रह के साथ जिस फोटो को मँगाकर, अपने तकिए के नीचे सँभालकर रखा हुआ था, उसकी जगह कब बदल गई, इसका ख़ुद भगवती को भी पता नहीं चला। देखते-देखते दशरथ का घर

भायँ-भायँ करते एक अबोले जंगल में बदल गया। बेलगाम आवारा हवा के झोंके मौक़ा मिलते ही जैसे आपस में फुसफुसाना शुरू कर देते। आपस में होनेवाले संवादों के होंठ सिल गए। सच तो यह है कि सिया के इस अकल्पनीय और अप्रत्याशित निर्णय ने पूरे घर की शिराओं में दौड़ते लहू को ठिठका दिया। सबकी देह मानो एकाएक निस्पृह हो गई।

एक अबोले ऊहापोह में कैसे दो दिन निकल गए, इसका किसी को पता नहीं चला। हारकर दशरथ ने तीसरे दिन, खाना खाने के बाद दोनों बेटे-बहुओं को बुला लिया। इस बीच भगवती को भेजकर उसने उग्रसेन और दुर्गा को बुलाने भेज दिया। समझ तो दुर्गा तभी गई थी जब उसने छुट्टियों में सिया को घर में आया हुआ देख लिया था। इसलिए उसने रास्ते में मन-ही-मन तय कर लिया कि वह अपनी उसी पुरानी राय को रखेगी, जिसे भगवती के समक्ष वह पहले रख चुकी है।

उग्रसेन और दुर्गा के आ जाने के बाद पहले कुछ इधर-उधर की बातें होती रहीं। फिर बातों-बातों में दुर्गा ने जैसे ही सिया का हालचाल जानना चाहा, दशरथ असल मुद्दे पर आ गया।

"इसी सिया के मामले में तुम्हारी राय जानने के लिए तुम दोनों को यहाँ बुलाया है।"

इतना सुनते ही दुर्गा को अपना अनुमान एकदम सही प्रतीत नज़र आया। इससे पहले कि भगवती या कोई और कुछ कहता, दुर्गा तुरन्त बोली, "मैं तो भगवती को पहले ही कह चुकी हूँ कि बहन, अकेले लड़केवाले घर में तो किसी पोती को ब्याहना मत। कहने को लड़की सुखी रहती है, पर घर-परिवार की जो बात होती है, वह अकेले लड़केवाले घरों में नहीं रहती है।"

"सुना मैंने भी है कि आपके पास कोई ऐसा रिश्ता आया है जिसके एक ही लड़का है। वैसे, मेरा भी यही मानना है कि लड़कियों को भरे-पूरे घर में ब्याहना चाहिए। फिर भी आपको जो ठीक लगे, मिलकर फैसला कर लो।'

उग्रसेन के इतना कहने पर दशरथ को समझते हुए देर नहीं लगी कि भगवती इस बात की चर्चा कर चुकी है।

"यार उग्रसेन, वो बात तो खतम हो गई। अब तो दूसरी ही परेशानी आ खड़ी हुई। उसी के लिए आप दोनों को बुलाया है।"

"अब क्या हुआ? सब ठीक तो है?" उग्रसेन ने चौंकते हुए पूछा।

"हुआ क्या, कैसे बताऊँ...कुछ समझ में नहीं आ रहा है।"

"अगर नहीं बताना था तो इन्हें क्यों परेशान किया!" भगवती ग़ुस्से में बोली।

"ऐसी क्या बात हो गई जो पूरा घर परेशान हुआ पड़ा है?" उग्रसेन की आवाज़ लरज़ने लगी।

"यार बात यह है कि..."

"देखो, जलेबी-सी तो बनाओ मत। जो बताना है साफ-साफ बता दो!" भगवती ने दशरथ को बीच में टोकते हुए कहा।

"बता तो रहा हूँ।" फिर कुछ क्षण रुककर दशरथ बोला, "हुआ यह कि हमारी सिया ने खुद ही अपने लिए लड़का ढूँढ़ लिया है।"

"जा मेरे यार, तुमने तो हमारी जान ही निकाल दी। अरे, इससे अच्छी बात और क्या होगी कि..."

"आप भी कैसी बात कर रहे हो भाई साब। न किसी की जात का पता, न बिरादरी का। न परिवार का पता, न खानदान का। ऐसे कैसे होगा?" भगवती बीच में उग्रसेन की बात काटते हुए बोली।

"तो इसमें हलकान होनेवाली ऐसी कौन-सी बात है। यह काम तो बलवंत या रूपेश भी कर सकते हैं।" उग्रसेन ने हँसते हुए कहा।

"और अगर वह गैर-बिरादरी का निकल आया तो?"

"हाँ, यहाँ आकर पेच फँस सकता है।"

उग्रसेन ने जिस अन्दाज़ में कहा, उसने भगवती के माथे की त्योरियों को और गहरा कर दिया।

"अगर बुरा न मानो, तो एक बात कहूँ! तुमसे ज्यादा समझदार तो तुम्हारी यह सिया है। कम-से-कम उसने तुम लोगों की परेशानी दूर कर दी।" उग्रसेन ने एक रहस्यमयी मुस्कान उछालते हुए कहा।

"इसने हमारी कौन-सी परेशानी दूर कर दी भाई साब?" पलटकर भगवती ने पूछा।

"यही कि उसने अपने लिए खुद लड़का जो ढूँढ़ लिया।"

"वो बात तो ठीक है उग्रसेन पर लड़का दूसरी..."

"दशरथ, तू भी कैसी बच्चों जैसी बातें कर रहा है। अरे, ये सब कहने की बात है। बिरादरी वाले रिश्ते की क्या गारंटी है कि वहाँ सिया खुश और सुखी रहेगी। ये नए जमाने के बच्चे हैं। अगर इसने कोई फैसला किया है, तो कुछ अच्छा-बुरा समझकर ही किया होगा।"

"यह बात तो ठीक है भाई साब परऽऽऽ..."

"भगवती, अभय के पापा ठीक कह रहे हैं। देख बहन, मेरा तो मानना है कि बच्चे खुश रहने चाहिए। उनकी खुशी में माँ-बाप की खुशी होनी चाहिए। कई बार बच्चों पर अपनी मर्जी थोपना भी ठीक नहीं रहता।" दुर्गा अपने पति उग्रसेन से सहमत होते हुए बोली।

"देख दशरथ, थोड़ी देर के लिए मान लो दबाव में आकर इसने तुम्हारी बात मान ली और खुदा-न-खास्ता उस घर में पटरी बैठी नहीं, तो बच्ची जिन्दगी भर घुट-घुटके जिएगी। पूरी जिन्दगी कोसती रहेगी तुम्हें।"

दशरथ की तरफ से किसी तरह की प्रतिक्रिया न आई देख, उग्रसेन ने अपनी बात जारी रखी, "वैसे, यही सब करना था तो इन पोतियों को इतना पढ़ाने-लिखाने की क्या जरूरत थी। अगर उसने यह फैसला कर लिया है कि वह अपनी मर्जी से शादी करेगी, तो समझाने-बुझाने का कोई फायदा नहीं है। मुझे तो डर इस बात का है कि अगर उसने कोई उलटा-सीधा कदम उठा लिया, तो कहीं मुँह दिखाने लायक नहीं रहोगे।" उग्रसेन ने बेहद सुलझे हुए अन्दाज़ में कहा।

"वैसे ये दोनों एक-दूसरे को कब से जानते हैं?" इस बार दुर्गा ने पूछा।

"लगता है काफी दिनों से जानते हैं। इसी के साथ वकालत की है उसने। बल्कि दोनों ने ज्युडिसिअरी का इम्तिहान भी साथ ही दिया था। यह तो रह गई और उसका ज्युडिसिअरी में सेलेक्शन हो गया है।"

"चलो, जज न सही...सिया वकील तो बन ही गई है।" इसके बाद उग्रसेन रूपेश की तरफ पलटा, "रूपेश, इस बात का सिया ने कभी तुमसे इशारा किया था?"

"ताऊजी, मुझे तो कभी बताया नहीं। माँ-बाऊजी या भाई साब को कभी बताया हो, तो मुझे पता नहीं।"

रूपेश के जवाब पर उग्रसेन ने इस बार दशरथ पर प्रश्नभरी दृष्टि डाली।

"ना, हमसे भी इसने कभी कोई जिक्र नहीं किया। हाँ, मैंने एक बार इससे ऐसे ही कहा था, तो बोली दादाजी आप मेरी चिन्ता मत करो।" दशरथ ने जवाब दिया।

"तो यह बात है।" इतना कह उग्रसेन ने पहले एक लम्बी साँस ली और फिर एक गहरी मुस्कान बिखेरते हुए बोला, "दशरथ, भई बड़े भागवाले हो जो ऐसी समझदार और होनहार पोती पाई है।"

"मैं कुछ समझा नहीं उग्रसेन?" दशरथ के साथ-साथ सबकी नज़र उग्रसेन पर टिक गई।

"भले आदमी, इसमें समझने की कौन-सी बात है। अरे, साफ है कि सिया ने बहुत पहले से यह तय कर लिया था कि उसे कैसा जीवनसाथी चाहिए। किसके संग उसे अपनी जिन्दगानी बसर करनी है। वा भई, मान गए तेरी पोती को। अब भी तुम सबके कुछ बात समझ में आई, या और खुलकर समझाऊँ?"

"उग्रसेन, मैं समझ गया तू क्या कहना चाहता है। अब अगर ये सब भी इसका विरोध करेंगे न, तो अपनी पोती के संग मैं अकेला खड़ा होऊँगा।" एकाएक दशरथ की खनकती आवाज़ आई।

"बलवंत की माँ, बिरादरी...अच्छा खानदान...घर-परिवार ये सब बाद की बातें हैं। सबसे बड़ी बात है कि बच्चों के आपस में मन मिलने चाहिए। वैसेऽऽऽ वह इकलौता लड़का क्या करता है?" उग्रसेन ने मुस्कराते हुए भगवती से पूछा।

"सुना है सड़क और पुल बनाने के बड़े-बड़े सरकारी ठेके लेता है।" भगवती ने बताया।

"यानी ठेकेदार है। रात-दिन पैसों में खेलता है। फिर तो ठेके भी अफसरों और नेताओं को घूस दे-देकर लेता होगा? जब ठेके ही वह घूस देकर लेता है, तो मिलावट भी खूब करता होगा?"

"ताऊजी, आजकल बिजनेस ईमानदारी से थोड़े ही होता है। बिना लिये-दिये ठेके थोड़े ही पास होते हैं।" बलवंत ने अपनी समझ से उग्रसेन की बात का जवाब दिया।

"यह बात तो तेरी सही है बलवंत।" इसके बाद उग्रसेन बलवंत की तरफ हल्का-सा झुका और होंठ तिरछे करते हुए बोला, "मान लीजिए, किसी ठेके में गड़बड़ी के चलते इस ठेकेदार पर मुकदमा हो जाए...और संयोग से वह उस अदालत में आ जाए, जहाँ उसकी घरवाली वकालत करती है, तो ऐसे में वह अपने बेईमान, भ्रष्ट ठेकेदार पति को बचाएगी; या फिर अपने जमीर को?"

उग्रसेन के इस तर्क पर सन्नाटा छा गया। बलवंत की उग्रसेन से आँखें मिलाने की हिम्मत नहीं हो रही है। भगवती के चेहरे के भाव पल-पल में बदल रहे हैं। जबकि दशरथ की आँखें रह-रह कर नई तरह की चमक के चलते फैल और सिकुड़ रही हैं।

इस सन्नाटे को एक बार फिर उग्रसेन की आवाज़ ने ही तोड़ा, "जात-बिरादरी और कुल-खानदान से ऊपर उठकर, थोड़ी देर के लिए सोचो कि जब कभी लोग तुमसे यह पूछेंगे कि दामाद क्या करता है...और जब तुम यह बताओगे कि वह जज है, तब तुम्हारा सिर गर्व से किस तरह ऊँचा होगा—सोचो जरा! भई, दशरथ मेरे तो अभी से सोच-सोच कर रोएँ खड़े हो रहे हैं। बाकी, आप क्या सोच रहे हैं, यह तुम जानो।"

"ताऊजी, आप एकदम सही कह रहे हैं। मैं भी आपकी बात से सहमत हूँ।" इस बार रूपेश भी उग्रसेन के समर्थन में उतर आया।

"भगवती, बहन सोच मत। ऐसे मौके बार-बार नहीं आते हैं। मान ले पोती की बात।" दुर्गा ने भगवती की तरफ देखकर कहा।

"यार दशरथ, मुझे एक बात पर हैरानी हो रही है कि जो लोग एक आश्रम से बच्चे को, वह भी लड़की को गोद लेने जैसा बड़ा फैसला ले सकते हैं, वे इतने कमजोर कैसे हो सकते हैं, मेरे यह बात समझ में नहीं आ रही है।"

"उग्रसेन, अब और शर्मिंदा मत कर।" इतना कह दशरथ ने रूपेश की तरफ देखते हुए आदेश दिया, "रूपेश, जरा सिया को बुलाना!"

कुछ ही देर में सिया डरी-सहमी सबके सामने उपस्थित हो गई।

"सिया, बेटी मेरे पास आ!"

सिया छोटे-छोटे क़दमों से चलकर अपने दादा के पास आ गई। दशरथ ने पोती के सिर पर हाथ रखते हुए, बिना बोले भीगे नयनों से उसे अनगिनत आशीषें दे डालीं।

"यह वही लड़की है न, जिसने एक गोद ली हुई बच्ची का इस घर में स्वागत, महावर की परात में उसके नन्हे-नन्हे पैरों को डुबोकर किया था। कैसे पूरा आँगन उसके पाँवों के छापों से मढ़ गया था। भले आदमियो! बेटियों का सुख क्या होता है उसके बारे में उन निरभागों से पूछिए, जिनके कान अपने घर-आँगन में इन चिड़ियों की चहचहाट सुनने के लिए तरसते रहते हैं।" इसके बाद उग्रसेन एक पल के लिए रुका और फिर लम्बी साँस लेते हुए बोला, "इसका पता तुम लोगों को अभी नहीं चलेगा, तब चलेगा, जब ये एक-एक कर इस घर की मुँडेरों से उड़ जाएँगी।" कहते-कहते उग्रसेन के होंठ काँपने लगे।

कुछ क्षणों के लिए आपस में एक-दूसरे से आँखें मिलाने की हिम्मत नहीं हुई।

"आप दोनों का बहुत-बहुत धन्यवाद, जो आपने हमें इतनी बड़ी दुविधा से निकाल दिया।" दशरथ दबे स्वर में दुर्गा और उग्रसेन का आभार व्यक्त करते हुए बोला।

"अच्छा दशरथ अब चलते हैं।" इतना कह उग्रसेन और दुर्गा अपने घर जाने के लिए खड़े हो गए।

"ताऊजी, एक-एक कप चाय और हो जाती!" रूपेश ने मुस्कराते हुए आग्रह किया।

"अब जब इतने प्यार से कह रहा है, तो तेरा कहा कैसे टाल दूँ।" उग्रसेन रूपेश का आग्रह स्वीकारते हुए बोला।

सिया को जैसे मुँहमाँगी मुराद मिल गई।

उसने इसकी सबसे पहले सूचना मोबाइल पर अपनी छोटी बहन गार्गी को दी। गार्गी को इसकी सूचना देना ज़रूरी था, क्योंकि वह भी इन दिनों दुविधा के इसी भँवर में गोते लगा रही है। हालाँकि गार्गी, सिया की अपेक्षा सख़्त मिजाज़ है और उसने अपनी बड़ी बहन को साफ़ कह दिया है कि सिया भले ही दादा-दादी या मम्मी-पापा के दबाव में आकर अपना निर्णय बदल दे, वह हरगिज़ नहीं बदलेगी। मगर जैसे ही सिया ने उसे यह ख़ुशख़बरी सुनाई, गार्गी को अपने सामने छाया कुहासा छँटता दिखाई देने लगा। सिया ने गार्गी के बाद यह ख़बर तपन को दी।

रात को सोने से पहले मौक़ा देख,भगवती ने पोती के बालों में अपनी ज़ईफ़ अँगुलियों को फेरते हुए पूछा, "सिया, बेटी उसका नाम तो बता दे!"

सिया ने शरमाते हुए कहा, "तपन दत्ता।"

"और जात?"

"दत्ता।"

"ये मरी कौन-सी जात हुई?"

“बंगाली है अम्माँ।”

“क्याऽऽऽ, बंगाली है? मैंने तो सुना है बंगाली मांस-मच्छी भी खाते हैं।”

“बंगाल में तो अम्माँ ब्राह्मण तक खाते हैं।”

“हे राम! कैसा कलजुग आ गया। लो बताओ, अब बनिया-बामन भी मांस-मच्छी खाने लगे हैं।” भगवती का जैसे जी मितलाने लगा।

“आप भी अम्माँ कैसी बातें करती हो।” सिया ने मुस्कराते हुए कहा।

“मुझे क्या। उसके साथ जिन्दगी तो तुझे बसर करनी है।” भगवती बल्ब की रोशनी में पोती के दीप्त चेहरे को निहारते हुए बोली।

प्रत्युत्तर में सिया ने कोई जवाब नहीं दिया।

“अम्माँ, मुझे नींद आ रही है।” कुछ देर के बाद सिया यह कहकर अपने कमरे में चली आई।

17

तपन की तैनाती जज के रूप में जिस निचली अदालत में हुई, संयोगवश उसी अदालत में बतौर वकील, सिया भी प्रैक्टिस करने लगी।

उस दिन शाम को समय मिलने पर बलवंत अपने छोटे भाई रूपेश को लेकर बैठक में आ गया। समझ तो दशरथ अपने दोनों बेटों को देखते ही गया था, किन्तु वह जानबूझकर अनजान बना रहा। वह तो स्वयं ही उन दोनों को बुलाकर अपनी बात कहना चाहता था। अच्छा हुआ जो बेटे ख़ुद ही उसके पास चले आए।

“बाऊजी, अब आगे का क्या विचार है?” आते ही बलवंत ने कहा।

“विचार क्या, पहले उसका तो पता करो, जो तुम दोनों भाइयों से कहा गया था।”

बलवंत समझ गया कि उसका पिता क्या पता करने के लिए कह रहा है।

“पता तो उसका किया जाए बाऊजी, जो अपनी जात-बिरादरी का हो। अगर सिया ने इतना बड़ा कदम उठाया है, तो बिना पता किए हुए तो उठाया नहीं होगा?” बलवंत ने उलटा अपने पिता से कहा।

“तो फिर ठीक है। मैं सिया से बात करता हूँ कि वह उन लोगों से हमें कब मिलवाना चाहेगी। एक बार उसके माँ-बाप और उससे हम भी तो मिल लें।”

“सही बात है। इस बहाने यह भी पता चल जाएगा कि उनकी कोई माँग तो नहीं है।” वहाँ मौजूद भगवती ने अपनी मूल चिन्ता से उन्हें अवगत कराते हुए कहा।

“ऐसा करना जैसे ही सिया का फोन आए...”

"बाऊजी जी एक मिनट! सिया का फोन है।" अचानक बीच में अपने मोबाइल की बज उठी घंटी को सुनते ही बलवंत बोला।

"एक बार मुझसे भी बात कराना!" बेटे को आदेश देते हुए दशरथ बोला।

बलवंत ने बात करने के बाद यह कहते हुए मोबाइल अपने पिता दशरथ की तरफ बढ़ा दिया, "ले बेटा, बाऊजी से बात करना!"

दशरथ ने सिया से बात करने के बाद मोबाइल वापिस बलवंत को दे दिया।

"क्या कह रही थी?" इस बार रूपेश ने उत्सुकतावश पूछा।

"कह रही थी कि दादाजी, जून में जैसे ही कोर्ट बन्द होंगे मैं उससे बात कर लूँगी। जहाँ और जैसे, आप तपन के घरवालों से मिलना चाहेंगे, मैं उसे बता दूँगी।" दशरथ ने सिया के साथ हुई बातचीत का ब्योरा बता दिया।

"लेन-देन के बारे में बात कर लेते इससे!" दशरथ की बात समाप्त होते ही भगवती ने तुरन्त कहा।

"पहले उनसे एक बार मिलने तो दे, वो बात भी हो जाएगी।" दशरथ भगवती को आश्वस्त करते हुए बोला।

"मैं तो सोच रही हूँ कि इसी दीवाली के बाद सिया के हाथ पीले हो जाएँ, तो हम सब गंगा नहा लें।"

भगवती की इस चिन्ता पर किसी ने कुछ नहीं कहा। लगा जैसे सबने अपनी मौन स्वीकृति दे डाली है।

इस तरह जून महीने में कोर्ट की छुट्टियों में तय हो गया कि दिसम्बर में सिया के हाथ पीले कर देने हैं। तपन यानी होनेवाले दामाद और उसके माता-पिता ने साफ़ शब्दों में कह दिया कि दहेज के रूप में उन्हें एक कौड़ी भी नहीं चाहिए। वे अपनी बेटी के लिए अपनी इच्छा से जो देना चाहें, उस पर उन्हें कोई आपत्ति नहीं है।

मगर सब कुछ तय होने के बाद भगवती को जहाँ हर तरह से निश्चिन्त हो जाना चाहिए था, उसकी चिन्ता और गहरा गई। उसने अपनी चिन्ता से पति दशरथ को अवगत कराया, तो सुनकर दशरथ को पत्नी की बात में दम नज़र आया। दशरथ ने तुरन्त बेटों और बहुओं को इकट्ठा कर उन्हें भगवती की चिन्ता से अवगत कराया।

भगवती की चिन्ता ने सचमुच पूरे परिवार की चिन्ता बढ़ा दी। फिर भी रूपेश हल्का-सा प्रतिवाद करते हुए बोला, "माँ, जब यह बात खुद उन्होंने कह दी है कि दहेज के रूप में उन्हें एक कौड़ी भी नहीं चाहिए, तब फिर इस बात का क्या मतलब है?"

"यह अच्छी बात है कि उन्हें कुछ नहीं चाहिए, पर इसका मतलब यह भी तो नहीं है कि हम अपनी सिया को एक चुनरी में विदा कर देंगे...और फिर ऐसे

तो कहा जाता है। आखिर वे भी इनसान हैं, कोई देवी-देवता तो नहीं। हर आदमी का मन करता है।"

"रूपेश, तेरी माँ एकदम सही कह रही है। उन्होंने हमारी यहाँ तक बात मान ली है कि शादी हम अपनी रीति-रिवाज के मुताबिक करेंगे, तो फिर हमें भी उनका सम्मान करना चाहिए।"

"थोड़ी देर के लिए मान लो कि यही रिश्ता अपनी बिरादरी वाले उस ठेकेदार के साथ होता, और उनकी कोई माँग होती, तो वह पूरी नहीं करनी पड़ती?" भगवती ने दोनों बेटों सहित पति दशरथ से कहा।

"बात तो तेरी सही है माँ।" बलवंत ने अपनी माँ से सहमत होते हुए कहा।

"दूसरी बिरादरी में शादी करने और उनके ना कहने का मतलब यह नहीं है कि हम सिया के ससुराल वालों की मान–मर्यादा का खयाल ही न रखें। मेरा तो सुझाव यह है कि हमें यह शादी बड़े धूमधाम से करनी चाहिए।"

"बाऊजी, मैं आपकी बात से पूरी तरह सहमत हूँ। हमें यह शादी ऐसी करनी चाहिए कि वे लोग भी याद रखें।"

"वैसे भी रूपेश सब कुछ हमारी बेटियों का ही तो है।"

दशरथ के इस तर्क के बाद पूरे घर ने सर्वसम्मति से भगवती के सुझाव पर अपनी सहमति की मुहर लगा दी।

इस तरह जिस धूमधाम के साथ दशरथ ने अपनी पहली पोती सिया का विवाह किया, सचमुच उसकी किसी ने कल्पना भी नहीं की थी। सिया के ससुराल वालों ने तो बिलकुल भी नहीं की थी। भारत की दो अलग-अलग संस्कृतियों के मिलन का जो दृश्य दशरथ के पटोरियों और उनके नाते-रिश्तेदारों को इस शादी में देखने को मिला, उससे सब इतने अभिभूत हैं कि उनके मुँह से रह-रह कर इसकी प्रशंसा के शब्द फूट रहे हैं। उग्रसेन और दुर्गा, उनका तो कहना ही क्या। उन्हें तो ऐसे लग रहा है मानो यह दशरथ-भगवती की पोती सिया का विवाह नहीं था, उनकी अपनी पोती का विवाह था। आख़िर क्यों न लगे, न वे दशरथ-भगवती और उसके परिवार को इस रिश्ते के लिए तैयार करते और न वे इन क्षणों के गवाह बनते।

जिस समय सिया इस घर से विदा होकर जा रही थी, रह-रह कर उग्रसेन के शब्द दशरथ के कानों में गर्म शीशे की मानिंद खदबदाने लगे। कई दिनों तक दशरथ चुपचाप सिया के क़दमों की आहट को सुनने की बेमानी कोशिश करता रहा। मगर वे उसे सुनाई नहीं दिये। अन्ततः वे धीरे-धीरे मंद पड़ने के बाद एक दिन पूरी तरह ग़ायब हो गए।

इस तरह दशरथ और भगवती के घर की मुँडेर पर बैठे झुंड से देखते-देखते एक परिंदा उड़ गया।

शादी के बाद अपने मायके आई सिया अपने दादा-दादी के पास बैठी हुई है। न जाने क्यों रह-रह कर दशरथ को लग रहा है जैसे सिया उससे कुछ कहना चाह रही है लेकिन कह नहीं पा रही है। दशरथ ने सिया से नज़र बचाते हुए कनखियों से भगवती की तरफ देखकर हल्का-सा इशारा किया। भगवती समझ गई इस इशारे का अर्थ क्योंकि उसे भी सिया कुछ असहज नज़र आ रही है।

"सिया, बेटी सब ठीक तो है?" भगवती ने सिया से पूछा।

"अम्माँ, सब ठीक है। आपको ऐसा क्यों लग रहा है?" उलटा सिया ने पूछा।

"पता नहीं क्यों, यह मेरा कोरा वहम है, या मुझे ही कुछ ऐसा लग रहा है!"

"अम्माँ कैसा लग रहा है?" सिया ने मुस्कराते हुए पूछा।

"यही कि जैसे तू कुछ हमसे कहना चाहती है।"

"नहीं अम्माँ ऐसी कोई बात नहीं है।" सिया ने ज़बरन मुस्कराने का प्रयास करते हुए उत्तर दिया।

"नहीं बेटी, कोई ऐसी बात है तो खुलकर कह!" इस बार दशरथ ने पोती को हिम्मत बँधाते हुए कहा।

सिया इस बार चुप्पी साध गई। दशरथ को अपनी आशंका सच प्रतीत होने लगी।

"कुछ तो बात है जो तू या तो हमसे छिपा रही है या कहना नहीं चाह रही है। बता बेटी क्या बात है?" दशरथ के शब्द लड़खड़ाने लगे।

"दादाजी, आपसे एक बात कहनी है। वो अपनी..."

"हाँ-हाँ बोल बेटा!"

"बोल तो रही हूँ दादाजी। वो क्या है कि गार्गी..."

"क्या हुआ गार्गी को?" इस बार भगवती ने घबराते हुए पूछा।

"अम्माँ ऐसा कुछ नहीं हुआ। बात यह है कि मेरी तरह गार्गी ने भी..."

"अच्छा तो यह बात है।"

"क्या बात हो गई ऐसी?" भगवती ने उत्सुकता से पूछा।

"यही कि इसकी तरह गार्गी ने भी अपना जीवनसाथी चुन लिया है।" इतना कह दशरथ ने पोती की तरफ स्निग्ध मुस्कान उछालते हुए अपने अनुमान की पुष्टि की, " यही न?"

"जी दादाजी।"

"लेकिन यह बात उसने तो हमें आज तक बताई नहीं?"

"अम्माँ, मैंने भी आपको कब बताई थी। आपने जब पूछा, तब मैंने बता दिया।"

"तो क्या, उसने भी तेरी तरह गैर-बिरादरी का देखा है या अपनी बिरादरी का है?"

"अम्माँ, आप बार-बार यह क्या बिरादरी-बिरादरी लेकर बैठ जाती हो। यह फैसला बच्चों पर छोड़ दो कि उन्हें अपनी जिन्दगी कैसे बितानी है।" सिया झल्लाते हुए बोली।

"समझ गई। उसने भी जरूर कोई बंगाली पसन्द किया होगा।" भगवती ने अनुमान लगाया।

"नहीं अम्माँ, वह बंगाली नहीं पंजाबी है।"

"हे राम! ये लड़कियाँ तो हमें कहीं का नहीं छोड़ेंगी! कम-से-कम एक तो बिरादरी का ढूँढ़ लेती।" भगवती ने सिर पकड़ लिया।

"ठीक है बेटी। अगर उसने फैसला कर ही लिया है तो हम क्या कर सकते हैं।" कुछ पल रुककर दशरथ फिर बोला, "वैसे वह करता क्या है?" दशरथ ने भगवती के विलाप पर कोई ध्यान नहीं दिया।

"दादाजी, गार्गी के साथ ही डाक्टरी कर रहा है?"

"अच्छाऽऽऽ तो क्या गार्गी की तरह वो भी डाक्टर है?" भगवती के मुरझाए चेहरे पर अचानक रौनक लौट आई। फिर एक पल रुककर बोली, "चाहे कुछ भी हो जाए, अपनी बुलबुल के लिए तो मैं अपनी बिरादरी का ही घर ढूँढूँगी।"

"ठीक है। जब बुलबुल का समय आएगा, तब देखा जाएगा। पहले गार्गी पर ध्यान दो।" दशरथ पत्नी को टोकते हुए बोला।

"सिया, गार्गी से कह देना कि हम तो वैसी ही शादी करेंगे जैसी तेरी की है। एकदम सीधी-सादी। सुना है पंजाबियों में बड़ा दिखावा होता है। तेरे बंगालियों ने तो कुछ दिखावा नहीं किया।" भगवती ने एक नई तरह की चिन्ता व्यक्त की।

"अम्माँ, आपने मेरी शादी सीधी-सादी की है? तपन और उसके घरवाले ही नहीं उसके सारे बंगाली रिश्तेदार तो इतने खुश हैं कि बस पूछो मत। तपन तो मुझसे कई बार कह चुका है कि सिया हमारे रिश्तेदारों ने हमारी शादी में जितना ज्यादा एन्जॉय किया, इतना तो आज तक उन्होंने किसी बंगालियों की शादी में भी नहीं किया।" सिया ने हँसते हुए कहा।

"यह बात तो हमारे यहाँ भी सारे लोग कह रहे हैं कि भई क्या शादी हुई है। एक तरफ बंगालियों के रीति-रिवाज, तो दूसरी तरफ उत्तर भारत के। उग्रसेन तो जिस तरह दामाद जी के रिश्तेदारों की सेवा-पानी में लगा हुआ था, उसे देखकर कइयों को ऐसा लग रहा था, जैसे वह हमारा ही कोई सगा-सम्बन्धी है।" दशरथ ने हुलसते हुए बताया।

"बस, किसी तरह गार्गी की भी शादी सही-सलामत निपट जाए।" भगवती ने दोनों हाथ जोड़, आँखें बन्द कर मन-ही-मन अपने आराध्य को याद किया।

"अम्माँ, सब ठीक हो जाएगा। आप लोग तो बस तैयारी करिए!"

"ठीक है। जितनी जल्दी हो उन लोगों से मिलकर बात पक्की कर दो।" अन्तत: भगवती ने भी अपनी स्वीकृति और सहमति प्रदान कर दी।

इस तरह सालभर के अन्दर दशरथ-भगवती के घर से गार्गी की डोली भी उठ गई। दूसरे शब्दों में कहें तो उनके मुँडेर से दूसरी गौरैया भी उड़ गई। घर के आँगन से उठता नाद अब धीरे-धीरे एक चुप्पी में बदलने लगा।

18

भगवती की मुराद जैसे पूरी हो गई। सचमुच इसे संजोग ही कहा जाएगा कि जैसे परिवार का सपना उसने सिया के लिए सँजोया हुआ था, वैसा ही सजातीय सुसंस्कृत परिवार उसे मिल गया। ठीक वैसा ही जैसा पहली बार सिया के लिए ढूँढ़ा गया था। भगवती की जो इच्छा पहले पूरी नहीं हो पाई थी, वह मानो अब हो गई। सबसे बड़ी बात तो यह है कि एकदम छोटा-सा परिवार है। आजकल के हिसाब से एकदम आदर्श परिवार। न ननद का झंझट। न देवरानी-जेठानी की टेंशन। कहने का तात्पर्य यह है कि इस घर का भावी दामाद अर्थात् बुलबुल का होनेवाला पति अपने माता-पिता की इकलौती सन्तान है।

बेटियों में किसी तरह का भेदभाव न कर जैसे सिया और गार्गी का विवाह किया गया, उसी धूमधाम के साथ बुलबुल के भी हाथ पीले कर दिये गए। दशरथ-भगवती ही नहीं, बलवंत और जयंती भी जैसे गंगा नहा गए।

इधर उम्र कह लीजिए या बेटे-बहुओं के चले जाने का वियोग, कई बीमारियों ने एक साथ उग्रसेन को इस तरह घेरा कि एक दिन जब तक उसे अस्पताल ले जाया जाता, रास्ते में उसके प्राण-पखेरू उड़ गए। सच तो यह है कि उग्रसेन बीमारियों से नहीं, बेटे-बहुओं के मुँह मोड़ने के ग़म में इस दुनिया को छोड़कर चले गए। पति के असामयिक निधन और अपने अकेलेपन से दुर्गा पूरी तरह टूट गई। वह भी अनेक बीमारियों की गिरफ़्त में आ गई। बेटों ने लाख समझाया कि उसका घर में अकेला रहना ठीक नहीं है। उसका जिस बेटे के साथ रहने का मन करे, रह ले। मगर दुर्गा ने किसी भी बेटे के साथ जाने से साफ़ मना कर दिया।

इधर सिया और गार्गी के इस घर से चले जाने के बाद अब महसूस होने लगा है कि उनके पड़ोसी उग्रसेन ने सच ही कहा था कि बेटियों का सुख क्या होता

है इसका पता अभी नहीं, तब चलेगा, जब ये एक-एक कर इस घर से विदा हो जाएँगी। जो घर एक समय कोयलों की कूक से कूकता रहता था, धीरे-धीरे उसमें एक वीरानी-सी छा गई। घर में सिया और गार्गी की अनुपस्थिति रह-रह कर सालने लगी। दिन में बुलबुल और पीहू के न रहने से कई बार दशरथ और भगवती को किसी चीज़ की ज़रूरत पड़ती, और वे उसके लिए आवाज़ लगाते हैं, तो उनकी आवाज़ जैसे दीवारों में घुटकर रह जाती।

एक दिन गार्गी को यह ख़बर मिली कि उसकी दादी की तबीयत अचानक बिगड़ गई है। सुनते ही वह एक सप्ताह की छुट्टियाँ लेकर आ गई। गार्गी को आए हुए तीन दिन हो गए हैं। पहले तो उसका इस पर ध्यान नहीं गया लेकिन एकाएक एक दिन उसे लगा जैसे किसी की कमी खल रही है। अचानक उसे याद आया तो उसने अपनी दादी के पास बैठे दादा से पूछा, "दादाजी, दुर्गा अम्माँ कहीं गई हुई हैं क्या? मैं जबसे आई हूँ, उन्हें देखा ही नहीं है?"

"देखे तो तब जब वह घर से बाहर निकले। जब से उग्रसेन उसकी दुनिया से गया है, दुर्गा ने बाहर निकलना ही छोड़ दिया है। इधर तेरी दादी के चक्कर में मेरा भी इस पर ध्यान नहीं गया। वैसेऽऽऽ कई दिनों से मैंने भी उसे देखा नहीं है।" दशरथ को भी हैरानी हुई।

"तुम दोनों के चले जाने के बाद उनके कई कामों को कभी बुलबुल कर दिया करती है, तो कभी पीहू। कभी बुलबुल पास की दुकानों से सौदा-सुलफ ले आती है, तो छोटे-मोटे कामों को पीहू कर दिया करती है।" भगवती ने कमर सीधी करते हुए बताया।

"और पीहू, वह तो दुर्गा की एक आवाज़ पर उसके सामने खड़ी मिलती है, पर दुर्गा को कई दिनों से मैंने भी उसे बुलाते हुए नहीं सुना है।" दशरथ को एक पल के लिए अचरज हुआ।

"मैं भी तो कहूँ कि जो दुर्गा अम्माँ एक दिन में हमारे यहाँ कई-कई चक्कर लगा जाती थी, वह दिखाई क्यों नहीं दे रही है? मैं अभी देखकर आती हूँ दादाजी।" इतना कहकर गार्गी दुर्गा के घर चली गई।

गार्गी ने घर की घंटी बजाई लेकिन अन्दर से कोई जवाब नहीं आया। इसके बाद उसने जैसे ही गेट को खोलना चाहा, तो गेट अपने आप खुलता चला गया।

"अम्माँऽऽऽ!" एक कमरे में झाँकते हुए गार्गी ने धीरे-से आवाज़ लगाई। अन्दर से किसी तरह का उत्तर न पाकर, उसने दूसरे कमरे में झाँककर देखा, तो पाया दुर्गा चारपाई पर मूर्च्छित पड़ी है। उसने लपककर दुर्गा के माथे को छुआ। तेज़ बुखार में तप रही दुर्गा को देखते ही उसने सबसे पहले सारी खिड़कियाँ खोल दीं।

"दुर्गा अम्माँ! मैं गार्गी।" गार्गी उसके अस्त-व्यस्त कपड़ों को ठीक करते हुए बोली।

बहुत दिनों बाद कानों में चिर-परिचित आवाज़ पड़ने पर दुर्गा ने हल्के-से आँखें खोली। इस बीच गार्गी एक मग में पानी लाई और चुल्लू में पानी भरकर दुर्गा के सिर को भिगोने लगी। साथ में फ्रिज़ से पानी की बोतल निकाल, उसके ठंडे पानी में पट्टी भिगोकर माथे पर रख दिया। थोड़ी राहत मिलने पर गार्गी यह कहकर अपने घर चली आई, "अम्माँ, मैं अभी आई।"

"दादाजी, दुर्गा अम्माँ को तुरन्त अस्पताल ले जाना होगा।" अपने घर आते ही गार्गी अपने दादा से बोली।

इसके बाद वह बिना देरी किए दुर्गा को अस्पताल ले आई। अस्पताल में लाने के बाद गार्गी ने वहाँ के डॉक्टर्स को अपना परिचय दिया, तो तुरन्त दुर्गा का उपचार शुरू हो गया। माँ की ख़बर सुनकर दुर्गा के बेटे-बहू भी अस्पताल पहुँच गए। शाम तक दुर्गा की तबीयत में काफ़ी सुधार आ गया।

अस्पताल से घर आने के बाद भगवती ने गार्गी से दुर्गा का हालचाल पूछा, और जो कुछ गार्गी ने बताया, उसे सुन भगवती को जैसे अपने कानों पर विश्वास नहीं हुआ।

"अम्माँ, थोड़ी देर के लिए तो मुझे भी यकीन नहीं हुआ कि दुर्गा अम्माँ ने दो दिन से कुछ नहीं खाया होगा। एक तो खाली पेट ऊपर से इतनी गर्मी, इन दोनों के चलते शरीर में पानी की कमी हो गई थी। यह तो अच्छा हुआ जो मैं वहाँ पहुँच गई वरना कुछ घंटे और बेहोश रहती, तो कुछ भी हो सकता था।"

"कुछ तो अकेलापन और कुछ बुढ़ापा। नहीं हुई होगी हिम्मत कुछ बनाने की। मैं कई बार समझा चुकी हूँ कि दुर्गा चली जा अपने किसी बेटे के पास। इस उमर में कब तक बना-बना कर खाएगी,पर नहीं मानती है। बड़ी स्वाभिमानी औरत है। कहती है कि जब उन्हें माँ-बाप की जरूरत नहीं है, तो मुझे भी किसी औलाद की जरूरत नहीं है।"

"अम्माँ, बात तो दुर्गा अम्माँ ठीक कहती हैं। आप बता रही थीं न कि अगर उग्रसेन दादाजी को टाइम से अस्पताल ले जाया जाता, तो शायद वे बच जाते।"

"वो तो दुर्गा ने ऐसे ही रात को उन्हें देख लिया। घबराते हुए वह हमारे पास भागी-भागी आई। सुनते ही रूपेश ने उसी समय फोन करके अभय को बता दिया था, पर एक-डेढ़ घंटे से पहले नागदत्त और अभय में से कोई नहीं पहुँचा। जब तक ये दोनों अस्पताल लेकर जाते, बीच रास्ते में वे चल बसे।"

गार्गी ने कुछ नहीं कहा।

"गार्गी, तू तो डाक्टर है। सच्ची-सच्ची बता, दुर्गा ठीक हो भी जाएगी?" भगवती ने पोती की आँखों में झाँकते हुए पूछा।

"फिलहाल तो कोई खतरा है नहीं। आगे क्या होगा, कहना मुश्किल है।"

"तेरे दादा को अस्पताल से आने दे। मैं उनसे कहूँगी कि किसी भी तरह नागदत्त या अभय अपनी माँ को समझा-बुझाकर अपने साथ ले जाएँ। वरना किसी

दिन पता भी नहीं चलेगा कि दुर्गा कब चल बसी। वैसे मुझे नहीं लगता कि यह अब ज्यादा दिन जी पाएगी। अकेला पहिया भी कितने दिन अपनी जिन्दगी की गाड़ी खींच पाएगा। उग्रसेन थे तो अपने सुख-दुःख को दोनों आपस में बाँट लेते थे। अब अकेली किससे अपने मन की कहे।" कहते-कहते भगवती की आँखें भर आईं। फिर कुछ पल रुककर बोली, "मैं तो उन दिनों के बारे में सोच-सोच कर मरी जा रही हूँ कि जब हम दोनों के चले जाने के बाद तुम सब अपनी-अपनी घर-गृहस्थी में घुल-मिल जाओगी, तो तुम्हारे माँ-बाप का क्या होगा?"

"अम्माँ, आप ये कैसी बातें कर रही हो। मुझे क्यों डरा रही हो।" गार्गी चीत्कार करते हुए बोली।

"डरा नहीं रही हूँ बेटी, असलियत कह रही हूँ। आदमी के आखिरी दिन चैन से कट जाएँ, इसीलिए लोग बेटे की कामना करते होंगे।"

"और जिनके कई-कई बेटे-पोते होते हैं, वे ही कौन-से सुख से मरते हैं। उग्रसेन दादाजी और दुर्गा अम्माँ की हालत आप देख ही चुके हो।" गार्गी ने तमतमाते हुए कहा।

भगवती इसके बाद कुछ नहीं बोली। बेटों की बात उसके मुँह से अनायास निकली थी, या वह गार्गी को इस बहाने कुछ संकेत देना चाह रही थी, कहना मुश्किल है।

अपनी दादी की बीमारी की ख़बर सुन इस बीच सिया भी आ गई। वे दोनों पूरी रात और पूरे-पूरे दिन अपनी दादी की तीमारदारी में लगी रहतीं। लेकिन भगवती है कि स्वस्थ होने के बजाय उसका स्वास्थ्य और बिगड़ता जा रहा है। एक दिन तो ऐसा लगा कि वह कभी भी प्राण छोड़ सकती है। मगर डॉक्टर गार्गी अपनी दादी को जैसे यमराज के मुँह से खींच लाई।

उस दिन दोपहर को सब अपनी दादी के पास बैठी हुई थीं। देर तक इधर-उधर की बातें होती रहीं। बातों-बातों में गार्गी ने हँसते हुए कहा, "अम्माँ, अब आप पूरी तरह ठीक हो गई हैं। चिन्ता की कोई बात नहीं है।"

"मेरी तो सबसे बड़ी चिन्ता यह बुलबुल है। कितना छान-छान कर पिया था पर नतीजा क्या निकला। अब हम भी क्या करें। माँ-बाप तो जनम के साथी होते हैं, करम के नहीं।" भगवती की आँखें पनीली हो आईं।

"अम्माँ, आप मेरी चिन्ता छोड़ दो। सब नसीब की बात है।" सिरहाने बैठी बुलबुल ने दादी को तसल्ली बँधाते हुए कहा।

"कैसे छोड़ दूँ। तेरा दुःख मुझसे देखा नहीं जाता है। हमने क्या नहीं दिया था दहेज में। तुझसे ज्यादा तो मेरी ये सिया और गार्गी सुखी हैं। मुझे अब लगता है कि मैं उस समय कितनी गलत थी। तुझे बिरादरी में ब्याह कर क्या मिला।"

"अम्माँ, लालची आदमी का न कोई धर्म होता है, न जात-बिरादरी। न कोई ईमान होता है, न कोई नीयत।" गार्गी ने अपनी दादी के तर्क से सहमत होते हुए कहा।

"बुलबुल, तेरे ससुराल वाले तुझे इस बार तंग करें न, तो मुझे बताना। मैं देखूँगी उन्हें। उन्हें शायद नहीं पता कि कानून के हाथ कितने लम्बे होते हैं।" सिया ने बुलबुल को ढाढ़स बँधाते हुए कहा।

"रहने दे बेटी। क्यों इसे इन कोर्ट-कचेरी के झंझट में डालती है। जब इसे उसी घर में रहना है, तो क्यों किसी से दुश्मनी मोल लेनी।"

"अम्माँ, यही डर हम औरतों का सबसे बड़ा दुश्मन है। कोर्ट में रात-दिन हमारा ऐसे ही मामलों से पाला पड़ता है। हमें पता है कि जिन लोगों में समाज का डर खत्म हो जाता है, वे किसी भी हद तक जा सकते हैं। ऐसों का क्या इलाज होना चाहिए, मैं अच्छी तरह जानती हूँ।" इसके बाद सिया बुलबुल की तरफ मुड़ी, "देख बहन, रोज-रोज के घुटने से अच्छा है, एक दिन हिम्मत दिखा दे।"

"मेरी फूल-सी बच्ची का क्या हाल हो गया है। समझ में नहीं आ रहा है कि उन लोगों को कैसे समझाया जाए। तेरे दादा भी रात-दिन इसी की चिन्ता में घुले रहते हैं। जिस बच्ची को कभी उन्होंने आँख नहीं दिखाई, उसकी आँखों में जब-जब वे आँसू देखते हैं, तो पूरी-पूरी रात सो नहीं पाते हैं।" भगवती की इस बार रुलाई फूट गई।

"दीदी ठीक कह रही है अम्माँ।" कुछ पल चुप रह, गार्गी सिया से बोली, "दीदी, ऐसा करते हैं कि बुलबुल को हम दोनों बहन इसके ससुराल छोड़ने चलते हैं, और उन्हें हम समझाकर आते हैं।"

"दीदी आप रहने दो। मैं अपने आप निपट लूँगी।"

"तो फिर ऐसे ही घुट-घुट कर मर!" सिया ने बुलबुल को चिल्लाते हुए डाँटा।

"फिर मैं क्या करूँ दीदी! मैं तो थक चुकी हूँ...मैं...मैं तो ऐसी जिन्दगी से तंग आ चुकी हूँ।" बुलबुल कातर स्वर में भरभराते हुए बोली।

सिया और गार्गी ने लपककर अपनी छोटी बहन को अंक में भर लिया। बहनों का ताप पाते ही बुलबुल फूट-फूट कर रोने लगी। अपनी बहनों को रोता देख पीहू भी रोने लगी। मुश्किल से दोनों ने बुलबुल को हिम्मत बँधाई। बुलबुल का मन जैसे ही कुछ हल्का हुआ, तभी घर की कॉल बेल बज उठी।

"गार्गी, देखना कौन है?" भगवती ने गार्गी से कहा।

गार्गी ने जाकर दरवाज़ा खोला, तो पाया सामने अख्तरी खड़ी है।

"कैसी है डाक्टरनी बिटिया?" अख्तरी ने मुस्कराते हुए पूछा।

"ठीक हूँ आंटी।" इतना कह गार्गी गेट से अलग हट गई। अख्तरी पीछे-पीछे चली आई।

"कौन, अख्तरी! आ जा!" भगवती ने अपने आपको सहज करते हुए कहा।

"मैं तो ठीक हूँ, अपनी सुनाओ...और ये सारी पोतियाँ कैसे इकट्ठी हुई पड़ी हैं?"

"क्या सुनाऊँ। अब तो बस चला-चली का बेला है।"

"अम्माँ, शुभ-शुभ बोलो! क्या यह चला-चली लगा रखी है।" गार्गी ने भगवती को टोकते हुए कहा।

"डाक्टरनी बिटिया सही कह रही है।" कहते-कहते अख़्तरी की नज़र बुलबुल पर पड़ी, तो देखते ही बोली, "ये कैसी हो रही है? कुछ हारी-बीमारी है क्या?"

"आदमी का दुःख ही उसकी सबसे हारी-बीमारी है अख़्तरी।" भगवती ने गहरी साँस लेते हुए कहा।

"दुःख! कैसा दुःख?" अख़्तरी ने चौंकते हुए पूछा।

दूसरों को अपना दुःख बाँटने से, दुःख कुछ कम हो जाता है, यही सोचकर भगवती ने अख़्तरी को सारी बात बता दी।

"लो, बड़ी बहन के वकील होते हुए उन मरदूदों की इतनी मजाल।"

"देखा अम्माँ, अख़्तरी आंटी का भी वैसा ही कहना है। दुष्ट के साथ जब तक दुष्ट जैसा व्यवहार नहीं करोगे, बात उसकी समझ में नहीं आती है।" सिया समझ गई अख़्तरी के कहने का क्या तात्पर्य है।

"एक बात कहूँ, बेटियाँ किसी को बुरी नहीं लगती हैं। दूसरे घर जाकर जब दुःख पाती हैं, तभी बेटियों के पैदा न होने की हम लोग मिन्नतें माँगते हैं। जिस बेटी की आँखों में माँ-बाप आँसू का एक कतरा भी नहीं देख पाते हैं, वह जब दुःख पाती है, तो उनके दिल पर क्या गुजरती है, इसे वे ही जानते हैं।" कहते हुए अख़्तरी के होंठ काँपने लगे।

इसके बाद देर तक भगवती के चारों तरफ एक बेचैन ख़ामोशी छाई रही। बुलबुल के उदास चेहरे पर जब-जब सिया की नज़र पड़ती, तो उसे देखते ही उसके सीने में ज्वाला धधकने लगती।

"और दुर्गा के क्या हाल हैं? वह दिखाई नहीं दे रही है?" अख़्तरी को जैसे याद आ गया।

"नजर तो तब आए, जब वह हो।"

"हाय अल्लाह!" अख़्तरी का कलेजा धक से रह गया।

"मेरा मतलब है, वह अपने बेटों के पास चली गई है।" भगवती ने तुरन्त बात सँभालते हुए कहा।

"कसम से, मैं तो डर ही गई थी। वैसे अच्छा है। अकेली कैसे अपने दिन काटती।"

"और तेरी बेटियाँ तो ठीक हैं?"

"अल्लाह का करम है। अच्छी नातेदारी भी नसीब से मिलती हैं।" अख़्तरी ने सीने पर हाथ रखते हुए कहा।

"चलो, सही-सलामत रहनी चाहिए। औलाद खुश तो माँ-बाप भी खुश।" भगवती ने एक तरह से विषय पर विराम लगा दिया।

अख्तरी के जाने के बाद देर तक अपनी दादी के पास बैठी पोतियों में कोई संवाद नहीं हुआ। कुछ देर बाद सब एक-एक कर आराम करने के लिए चली गईं।

19

बिनय न मानत जलधि जड़ गए तीनि दिन बीति
बोले राम सकोप तब भय बिनु होइ न प्रीति।

तुलसीदास ने सही कहा है कि बिना डर के कुछ काम सधते ही नहीं हैं। सिया ने रामचरितमानस के इसी दोहे का अनुसरण करते हुए, बुलबुल को बिना बताए उसके ससुराल वालों को नोटिस भिजवा दिया। इधर जैसे ही वकील का नोटिस मिला बुलबुल के ससुराल में हड़कंप मच गया। कई दिनों तक तो किसी की समझ में नहीं आया कि यह हुआ क्या? बुलबुल के पति के ही नहीं, उसके सास-ससुर के भी हाथ-पाँव फूल गए। बस, सिया ने एक समझदारी यह दिखाई कि उसने नोटिस अपने नाम से नहीं, बल्कि दूसरे वकील से भिजवाया। रजिस्टर्ड पोस्ट से भेजे गए इस नोटिस में दर्ज धाराओं की संख्याओं को देखकर किसी की समझ में नहीं आ रहा है कि एकाएक यह सब हुआ क्या? मगर जैसे ही मालूम हुआ कि इस नोटिस को किसके इशारे पर भिजवाया गया है,एकाएक पूरे ससुराल वालों के बुलबुल के प्रति तेवर बदल गए।

अब इसका एक ही समाधान है कि किसी तरह बुलबुल को मनाया जाए और उसे समझा-बुझाकर सिया के पास चला जाए। इस बारे में जब बुलबुल से बात की गई, तब उसने उनके साथ जाने से दो टूक मना कर दिया। सबने बुलबुल की बड़ी मिन्नतें की मगर वह टस से मस नहीं हुई। हारकर बुलबुल का पति नरेंद्र दौड़ा हुआ सीधा दशरथ और भगवती के पास आया। वहाँ आकर देखा तो पाया गार्गी भी आई हुई है। बदहवास चेहरे को देखते ही गार्गी समझ गई कि तीर एकदम निशाने पर लगा है। दशरथ, वह तो जानबूझकर उदासीन बना रहा।

"बाऊजी, आप एक बार दीदी से कहोगे, तो वह मान जाएगी।" बुलबुल के पति नरेंद्र ने दशरथ से गिड़गिड़ाते हुए कहा।

"दामादजी, आप ही उससे जाकर बात करिए! मुझे न तो इस नोटिस की जानकारी है, और न कुछ पता है।" दशरथ ने ठंडेपन के साथ उत्तर दिया।

दशरथ को पिघलता न देख, इस बार नरेंद्र गार्गी की तरफ मुड़ा, "दीदी, आप ही कुछ करिए न! आइन्दा से ऐसा फिर कभी नहीं होगा।"

"मैं कैसे मान लूँ कि फिर कभी ऐसा नहीं होगा। आप लोगों ने हमारी बच्ची की जिन्दगी नरक बनाकर रख दी है।" गार्गी की तरफ से कोई जवाब आने से पहले दशरथ थोड़ा सख़्त होते हुए बोला।

"मैं कह तो रहा हूँ बाऊजी।" नरेंद्र गिड़गिड़ाने लगा।

"ठीक है आपके लिए यह आखिरी मौका है। अगर इसके बाद कोई शिकायत आई और सिया ने कोई बड़ा कदम उठा लिया, तो फिर मत कहना।"

"दादाजी, आप यह क्या कर रहे हैं? दीदी से बिना सलाह किए आप कैसे हाँ कर सकते हैं।" गार्गी ने अपने दादा दशरथ को टोकते हुए कहा।

"दीदी प्लीज़! ऐसा मत करिए!"

"नरेंद्रजी, बात अब हमारे हाथ से निकल चुकी है। अब तो इसका फैसला कोर्ट ही करेगा...और हाँ, एक बात और बता देती हूँ कि हमारा नहीं लगेगा इसमें एक पैसा भी, क्योंकि हमारा तो वकील घर का है। आप सोच लेना। कहीं ऐसा न हो कि कोर्ट के चक्कर काटते-काटते चप्पलें घिस जाएँ। ऊपर से जेल में चक्की पीसनी पड़ेगी वह अलग।"

गार्गी ने जिस तरह मिर्च-मसाला लगाकर नरेंद्र के सामने दृश्य खींचा, नरेंद्र की घिग्घी बँध गई।

"बस, मुझे एक मौका दे दो!" नरेंद्र अनुनय करते हुए बोला।

"आप पर भरोसा करके मैं सिया से फोन पर कह देता हूँ।" इतना कह दशरथ ने अपने पास में खड़े रूपेश की तरफ देखते हुए कहा, "जरा, सिया को फोन तो मिलाना!"

"दादाजी प्लीज़, यह आप क्या कर रहे हैं?" गार्गी अभिनय करते हुए अपने दादा को रोकने की बेमानी कोशिश करती हुई बोली।

"जी बाऊजी।" इतना कह रूपेश ने अपने मोबाइल से सिया को नम्बर मिलाकर, मोबाइल अपने पिता को दे दिया।

"हेलो...हाँ बेटी सिया, मैं दादाजी बोल रहा हूँ...वोऽऽऽ नरेंद्र दामादजी आए हुए हैं...हाँ, उन्हें किसी वकील का कोई नोटिस मिला है, उसी के बाबत बात करने आए हैं...क्या? ऐसा मत कर बेटी...वो माफी माँग रहे हैं...मेरी बात तो सुन बेटी...ठीक है।"

जिस समय मोबाइल पर दशरथ सिया से बात कर रहा था, दामाद नरेंद्र के चेहरे के पल-पल में भाव बदल रहे थे। फोन कटने के बाद दशरथ ने मोबाइल वापिस रूपेश को दे दिया।

"क्या कह रही है बाऊजी?" नरेंद्र ने अकबकाते हुए पूछा।

"वो लड़की तो मानने को ही तैयार नहीं है। कह रही है कि जब तक ये कोर्ट में लिखकर नहीं देंगे, मैं मानने वाली नहीं हूँ।"

"ऐसा मत करो बाऊजी! मैं आपको भरोसा दिलाता हूँ कि आगे से कुछ नहीं होगा।" दामाद नरेंद्र का जैसे हलक़ सूखने लगा।

दशरथ ने पहले चुपके से दामाद के चेहरे को बाँचा और फिर एक गहरी और लम्बी साँस लेते हुए बोले, "तो फिर मैं एक काम कर सकता हूँ। बशर्ते आप गारंटी दो!"

"किस बात की बाऊजी!" नरेंद्र की जैसे जान में जान आ गई।

"यही कि आप मुझे यह लिखकर दोगे कि मैं ही नहीं, मेरे परिवार में भी आगे से बुलबुल को कोई तंग नहीं करेगा। अगर आप यह लिखकर देते हैं, तो मैं सिया को अपने रिस्क पर मनाने की कोशिश करूँगा वरनाऽऽऽ...।"

"अभी लो बाऊजी।" इतना कह दामाद नरेंद्र ने वहाँ खड़े रूपेश की तरफ निरीहता के साथ देखा।

रूपेश समझ गया इस घर के दामाद का इस तरह देखने का अर्थ। उसने तुरन्त एक सादा काग़ज़ और पेन लाकर उसे दे दिया। दशरथ ने जो लिखवाना था, अपने घर कें इस दामाद से लिखवा लिया। इसके बाद नरेंद्र की यहाँ रुकने की हिम्मत नहीं हुई और उसी समय वापिस जाने लगा, तो दशरथ ने उसे पीछे से टोकते हुए कहा, "सुनिए, हमारे यहाँ दामाद को इस तरह खाली हाथ विदा नहीं किया जाता है।" इतना कह दशरथ ने अपनी बहुओं की तरफ देखा।

नरेंद्र जाते-जाते ठिठक गया।

अपने ससुर का इशारा रेवती और जयंती तुरन्त समझ गईं। जयंती तेज़ी से अन्दर चली गई।

"दामादजी, बुरा न मानो तो एक बात कहूँ! दरअसल क्या है कि आपके परिवार में कोई बेटी नहीं है। इसलिए आपको नहीं पता कि बेटियों का दर्द क्या होता है। जिस दिन तुम्हारे बेटी पैदा होगी न, उस दिन पता चलेगा कि एक बेटी का दर्द क्या होता है।" दशरथ ने एक-एक शब्द पर ज़ोर देते हुए कहा।

"बहू, दामादजी का तिलक करो!" जयंती के हाथ में थाली देख दशरथ ने आदेश दिया।

जयंती ने तिलक कर नरेंद्र के हाथ में विदाईस्वरूप पाँच सौ रुपए का नोट देकर विदा कर दिया।

दामाद नरेंद्र अर्थात् बुलबुल के पति के जाते ही गार्गी अपने दादा पर नाराज़ होते हुए बोली, "दादाजी, यह क्या किया आपने? कम-से-कम कोर्ट-कचहरी के एकाध धक्के तो खाने देते!"

"बेटा, पागल हो गई है क्या। इतना ही काफी है। सिया ने सही कहा था कि डर ही आदमी का सबसे बड़ा दुश्मन होता है। यह काम हमें बहुत पहले कर देना चाहिए था। चलो, जो हुआ अच्छा हुआ। सुबह का भूला अगर शाम को भी घर

आ जाए, तो उसे भूला नहीं कहते हैं। इनके समझ में तो आ गया कि अगर आगे से कुछ हुआ तो सिया इन्हें छोड़ेगी नहीं।"

"गार्गी, तेरे दादाजी सही कह रहे हैं। मुझे नहीं लगता कि ये अब हमारी बुलबुल को कभी परेशान करेंगे। सबसे बड़ी बात तो यह है कि दामादजी के बात समझ में आ गई है।" भगवती दशरथ के तर्क से सहमत होने के बाद, गहरी साँस लेते हुए बोली, "पति का साथ औरत की सबसे बड़ी ताकत होती है। अगर पति उसके साथ है, तो वह सारी दुनिया से टक्कर ले सकती है...और अगर पति ही उसे अकेला छोड़ दे, तो वह सारी लड़ाइयाँ हार जाती है।"

"अच्छा है समझ में आ जाए। अब भी कुछ नहीं बिगड़ा है।" दशरथ ने एक आश्वस्तिभरी साँस लेकर उसे बाहर छोड़ते हुए कहा।

कहते हैं कि अन्त भला, तो सब भला। इसके बाद बुलबुल की तरफ से फिर कभी कोई शिकायत नहीं आई।

20

"बेटियों का सुख क्या होता है उसके बारे में उन निरभागों से पूछिए, जिनके कान अपने घर-आँगन में इन चिड़ियों की चहचहाट सुनने के लिए तरसते रहते हैं। इसका पता अभी नहीं चलेगा, तब चलेगा, जब ये एक-एक कर इस घर की मुँडेर से उड़ जाएँगी।"

दशरथ के कानों में उग्रसेन के कहे ये शब्द नगाड़ों की तरह आज पहले से कहीं ज्यादा तेज़ आवाज़ में रह-रह कर गूँजते रहते हैं। बढ़ती उम्र और अनेक बीमारियों के चलते उस पर उद्विग्नता-सी छाई रहती है। एक अजीब-सी बेचैनी के चलते पूरी-पूरी रात नींद नहीं आती है। कई बार ऐसा लगता है जैसे कमरे में पसरे स्याह अँधेरे में उसकी पोतियाँ, इस घर से न जाने की गुहार कर रही हैं। बस, अब पीहू बची है। एक दिन उसका भी पता चलेगा कि वह भी फुर्र से उड़ गई है। आगे की कल्पनाभर से दशरथ की आँखें भर आती हैं। देर तक वे इसी भयावह कल्पना के चलते डूबी रहतीं कि जिस दिन यह भी इस घर से चली जाएगी, तो यह घर कैसे भाँय-भाँय करते निर्जन में तब्दील हो जाएगा। अभी यह हालत है कि जब दिन में पीहू घर में नहीं होती है, तब दशरथ ही नहीं भगवती की आँखें भी देहरी पर धरी रहती हैं। उसके स्कूल से आने के बाद उनकी जान में जान आती है।

इसी बीच दशरथ और भगवती को जैसे ही यह समाचार मिला कि दुर्गा भी नहीं रही, यह सुनकर एक पल के लिए दोनों अवसन्न रह गए। अपने घर के सामने

जिस उग्रसेन और दुर्गा के अरसे से बन्द पड़े और मुख्यद्वार पर ताला लगे मकान की छत, जो कभी कुछ अवसरों पर बजने वाले सदाबहार गीतों और लोकगीतों पर किलकारियों के साथ मचल-मचल उठती थी, वह दुर्गा के स्वर्ग सिधारने के बाद अब सचमुच वीरान हो गई। बल्कि एक दिन पता चला कि नागदत्त और अभय ने मिलकर उसे चुपचाप किसी बिल्डर को बेच भी दिया है।

पता नहीं इस घर को यह कौन-सा जस मिला हुआ है कि अभी तक तो लोग सिया, गार्गी और बुलबुल की तारीफ़ करते नहीं थकते थे, अब इस सूची में पीहू का नाम और जुड़ गया। जिसने भी यह ख़बर सुनी उसे अपने कानों पर जैसे विश्वास नहीं हुआ। भगवती को भी जैसे ही इस समाचार के बारे में पता चला, पलक झपकते ही पुरानी स्मृतियों की रील उसके सामने खुलती चली गई। काश, आज उग्रसेन और दुर्गा जीवित होते और वे यहीं रह रहे होते, तो इस ख़बर को सुनकर उनकी क्या प्रतिक्रिया होती? सोचते हुए भगवती को क्षणभर के लिए लगा जैसे लोहे के गेट को खोलकर दुर्गा अन्दर चली आ रही है, और आते ही कह रही है, 'भगवती पता नहीं तेरी ये पोतियाँ क्या लिखाकर आई हैं। एक वकील बन गई, तो दूसरी डाक्टर बन गई...और यह मरी पीहू, इसने तो सबको पीछे छोड़ दिया। ले बता, सरकार इसे पढ़ने के लिए सात समंदर पार भेज रही है।'

भगवती दुर्गा की बात पर इतनी ज़ोर-से हँसी कि कमरे में पसरी निस्तब्धता छन्न-से किसी शीशे की तरह टूटकर बिखर गई।

"क्या हुआ?" दशरथ ने चौंककर पत्नी से पूछा।

"कुछ नहीं। बस, जरा-सी दुर्गा की याद आ गई। आज वह जिन्दा होती तो पीहू के बिदेस में पढ़ने की खबर सुनकर उसके तो पाँव ही जमीन पर नहीं पड़ते।"

"सही कह रही है बलवंत की माँ। मैं भी यही सोच रहा था।"

"एक बात कहूँ, यह उग्रसेन और दुर्गा की ही हिम्मत का नतीजा है, जो आज पीहू को ये दिन देखने पड़ रहे हैं। थोड़ी देर पहले मैं यही सोच रही थी कि अगर हम पीहू को गोद नहीं लेते, तो पता नहीं यह आज कहाँ होती।" कहते-कहते भगवती की आँखें छलक आईं।

"किस्मत का कुछ नहीं पता कि वह आदमी को क्या-क्या दिन दिखा दे।" दशरथ ने आह भरते हुए कहा।

सिया, गार्गी और बुलबुल तीनों बहनें पीहू के जाने से सप्ताहभर पहले आ गईं। आते ही तीनों पीहू की तैयारी में जुट गईं। सब मिलकर उसके लिए इतना सामान ले आईं कि पीहू की समझ में नहीं आ रहा है, वह इसे कैसे ले जाएगी?

मगर यह क्या जैसे-जैसे पीहू के विदेश जाने के दिन नज़दीक आते जा रहे हैं, वैसे-वैसे उसकी उदासी बढ़ती जा रही है।

"दीदी, आपने तो मेरे लिए इतना सामान भर दिया जैसे मैं हमेशा के लिए विदेश में बसने जा रही हूँ?" पीहू ने अपनी तीनों बड़ी बहनों से कहा।

"क्या पता बस ही जाए? क्यों गार्गी?" सिया ने हँसते हुए अपनी छोटी बहन से कहा।

"और क्या। पाँच साल कम होते हैं क्या। क्या पता तुझे वहीं का वर्किंग वीज़ा मिल जाए।"

"दीदी, मैं ना रुकने वाली वहाँ। पढ़ाई खत्म होते ही मैं तो यहीं लौट आऊँगी।"

"ऐसा है जाने से पहले हर आदमी यही कहता है। मगर जिसे एक बार वर्किंग वीज़ा मिल जाता है न, वह नहीं आता है वापिस।" गार्गी पीहू को छेड़ते हुए बोली।

"पता नहीं, आप सबके बिना मेरा वहाँ मन कैसे लगेगा! अपने दादा-दादी के बिना मैं कैसे रह पाऊँगी?" कहते-कहते पीहू रोने लगी।

"मरी जाते-जाते इसे क्यों रुला रही हो।" मन तो भगवती का भी अपनी पीहू से लिपटकर रोने को कर रहा है। मगर वह अपने आँसुओं को पी गई।

दशरथ कनखियों से पोतियों के बीच आपस में होनेवाली इस चुहल और छेड़खानी को चुपचाप देखता रहा। उनके बीच में कुछ नहीं बोला।

जिस दिन पीहू विदेश अध्ययन योजना के अन्तर्गत सरकार की तरफ से ऑस्ट्रेलिया के मेलबर्न शहर के लिए रवाना हुई, पूरा घर उदासी से घिर गया। जब तक सिया, गार्गी और बुलबुल रहीं, तब तक किसी को उसके ख़ालीपन का एहसास नहीं हुआ। लेकिन जैसे-जैसे एक-एक करके तीनों अपने-अपने घर चली गईं, उस दिन पता चला कि बिना बेटियों के घर क्या होता है। हवा का हल्का झोंका तक घर की ख़ामोशी को झिंझोड़ जाता।

अगले दिन सवेरे दशरथ और भगवती उठे तो पाया जो नाद उनके कानों में देर तक गूँजता रहता था, वह जैसे अचानक मौन हो गया। लगा मानो घर की सारी मोखियाँ और रोशनदान सूने हो गए हैं। एक बार तो बेख़याली के चलते दशरथ के मुँह से निकलते-निकलते रह गया, 'पीहू, बेटा अखबार आ गया हो तो दे जाना!' मगर वह अपने आपको रोक गया।

इधर रेवती और जयंती दोनों एक-दूसरे से नज़रें बचाकर पूरे घर के कोने-अँतरों को टोह आईं। क्या पता शायद किसी कोने में छिपी कोई मिल ही जाए। मगर यह इनका कोरा भ्रम है। एक बार तो ऐसा हुआ कि वे जैसे ही एक-दूसरे के सामने पड़ीं और आपस में नज़रें मिलीं, वे दोनों स्वयं को नहीं रोक पाईं और एक-दूसरे

से लिपटकर देर तक रोती रहीं। मगर उनके रुदन को सिवाय इस घर की निश्चेष्ट दीवारों के कोई नहीं सुन पाया। रूपेश और जयंती ही नहीं, बल्कि बलवंत और रेवती की आँखों के सामने भी देखते-ही-देखते सूनेपन का रेगिस्तान बिछ गया।

मेलबर्न पहुँचने के बाद कई दिनों तक पीहू मोबाइल से सबसे बातें करती रही। परन्तु धीरे-धीरे यह अन्तराल बढ़ता चला गया। दशरथ और भगवती को घर का यह अकेलापन अब काटने को दौड़ने लगा। बल्कि अब तो दशरथ और भगवती को लगने लगा है कि वे दोनों धीरे-धीरे उस बूढ़े पेड़ में तब्दील होते जा रहे हैं, जिसके बेजान और कृशकाय शरीर का हरापन समाप्त हो गया है। पत्तों के घने पुंज से आच्छादित जो शाखाएँ परिंदों के कलरव से गूँजा करती थीं, वे भी सूनी हो गईं। ऐसा लगने लगा मानो उनसे एक-एक कर सारे पत्ते झड़ने लगे हैं।

दशरथ और भगवती ही क्यों, रूपेश और जयंती को तो ऐसा लगने लगा, जैसे जो झोली उनकी पीहू के आने से पहले ख़ाली थी, एक बार फिर ख़ाली हो गई है। यह तो सिया, गार्गी और बुलबुल ने, न जाने क्या योजना बनाई कोई-न-कोई **उनमें से** आई रहती है।

मगर नियति को जैसे कुछ और ही मंजूर था। एक दिन पहले गार्गी अपने हॉस्पिटल में एक इमरजेंसी केस आ जाने के कारण लौट गई, और दूसरे दिन उसे यह हृदय विदारक समाचार मिल गया। जिसकी सूचना बिलखते हुए उसके चाचा रूपेश ने दी, "गा...गार्गी, बेटी हमारे बाऊजी अब इस दुनिया में नहीं रहे!"

सुनते ही गार्गी के पैरों तले से मानो ज़मीन खिसक गई। इसके बाद रूपेश ने सिया और बुलबुल को यह दु:खद सूचना दी। तीनों लड़कियाँ ख़बर मिलते ही दौड़ी हुई आईं। जब अपने दादा के पार्थिव शरीर से लिपट-लिपट कर रोते हुए मन भर गया, तब उस असली परेशानी पर विचार किया गया कि क्या इसी समय पीहू को इसकी सूचना देना उचित रहेगा? बहुत मंथन किया गया। बहुत सोच-विचार किया गया और अन्तत: सब जिस निष्कर्ष पर पहुँचे, उसी पर अमल किया गया।

"रूपेश, अगर पीहू को इसकी खबर नहीं दी गई, तो कहीं ऐसा न हो कि बच्ची किसी डिप्रेशन में चली जाए।" रूपेश के ससुर ने अपना भय प्रकट करते हुए कहा।

"और अगर बता दिया तब भी इसका डर है।" दूसरा रिश्तेदार बोला।

"लेकिन मेरा मन इसकी गवाही नहीं दे रहा है। बताना तो पड़ेगा ही। वैसे भी इतनी दूर से वह इतनी जल्दी आने से रही। पिताजी, ऐसा करिए यह खबर उसे आप दो।" रूपेश ने अपने ससुर से आग्रह किया।

"ठीक है। उसे फोन लगाओ!" रूपेश का ससुर इतना कह, तुरन्त बोला, "वैसे ऑस्ट्रेलिया में इस समय कितने बज रहे होंगे?"

"दोनों देशों के टाइम में साढ़े पाँच घंटे का फर्क है। हम उनसे साढ़े पाँच घंटे पीछे हैं। अब आप इससे अन्दाजा लगा लो कि वहाँ इस समय कितने बज रहे होंगे?"

"यानी इस समय भारत में दिन के ग्यारह बज रहे हैं। ग्यारह में जरा साढ़े पाँच घंटे और जोड़ना!"

रूपेश ने उँगलियों पर हिसाब लगाते हुए बताया, "वहाँ इस समय शाम के साढ़े चार बज रहे होंगे।"

"मेरे हिसाब से पीहू को हमें अभी बता देना चाहिए। अगर देर कर दी तो बच्ची सारी रात परेशान रहेगी। लगाना उसका नम्बर!"

अपने ससुर के निर्देश पर रूपेश ने नम्बर लगाकर मोबाइल यह कहते हुए उन्हें दे दिया, "लो, घंटी जा रही है।"

"हेलो...पीहू, बेटी मैं नाना बोल रहा हूँ...सब ठीक है, तू सुना बेटी...खाना खा लिया...बहुत अच्छा। अच्छा सुन, बेटी एक खबर देनी है तुझे...नहीं-नहीं सब ठीक है। बस तेरे दादाजी की तबीयत थोड़ी खराब हो गई है...अभी बात नहीं हो सकती डाक्टर साब चेक कर रहे हैं...सब ठीक हो जाएगा बेटी...रो मत..." कहते-कहते रूपेश के ससुर के शब्द टूटने लगे। होंठों को दाँतों के बीच भींच लिया। आँखों से आँसू बहने लगे। उनकी आवाज़ भर्रा गई। मुश्किल से अपने आपको सँभाल पाए वह, "...अम्माँ, वह भी तेरे दादाजी के पास है...बेटी, सब ठीक है।" इतना कह रूपेश के ससुर ने जानबूझकर फोन काट दिया।

अपने नाना की भर्राई आवाज़ को सुन पीहू को शायद शक़ हो गया कि ज़रूर घर में कुछ अप्रिय घटा है।

"ऐसे मामलों में किसी से झूठ बोलना कितना मुश्किल है, इसका आज पता चला। जिस तरह घबराते हुए पीहू अपने दादा के बारे में पूछ रही थी, लगता है उसे कुछ अन्दाजा हो गया है कि..."

रूपेश का ससुर अभी अपनी बात पूरी भी नहीं कर पाया कि रूपेश का मोबाइल बज उठा।

"उसी का फोन है। लो आप ही बात करो उससे।" रूपेश ने मोबाइल फिर से अपने ससुर को दे दिया।

"हेलो...हाँ पीहू बेटी.. मैंने कहा न...अब तू अपनी कसम खिला रही है, तो बताना ही पड़ेगा। अच्छा, पहले अपने नाना से वादा कर परेशान तो नहीं होगी। मन लगाकर पढ़ाई करेगी...ठीक है। बात यह है बेटी कि तेरे दादाजी हमें सदा के लिए छोड़कर चले गए...हेलो...हेलो...पीहूऽऽऽ! लगता है फोन कट गया।"

इधर शव के पास बैठे हुजूम को जैसे ही पता चला कि पीहू को उसके दादा के गुज़रने की सूचना दी जा रही है, विलाप एकाएक तेज़ हो गया।

"चलिए, बलवंत जी अब देर मत करिए। शव जितनी देर यहाँ रहेगा, बच्चे और ज्यादा परेशान होंगे। तैयारी करिए!"

इसके बाद रूपेश का ससुर और दूसरे रिश्तेदार शव को शमशान ले जाने की तैयारी करने लगे।

21

पीहू ने जब से अपने दादा के असामयिक निधन की ख़बर सुनी है, तब से उसका रो-रोकर बुरा हाल है। उसका बस चलता तो वह इसको सुनते ही उड़कर अपने दादा के पास पहुँच जाती। वह सोचती है कि कितनी बदनसीब है वह,जो अपने दादा के अन्तिम दर्शन भी नहीं कर पाई। रातभर वह अपने दादा से जुड़ी खट्टी-मीठी स्मृतियों से अठखेलियाँ करती रही। जब-जब इन स्मृतियों में लिपटा अपने दादा का चेहरा उसकी आँखों के सामने घूमता, तब-तब उसकी आँखें बरबस ही बरसने लगतीं। उसे रह-रह कर लगता जैसे कोई पुराना विशाल वृक्ष, अचानक आए किसी झंझावात में भरभराकर ढह गया है। ज़ईफ़ बाज़ुओं का मुलायम पलना मानो चरमराकर टूट गया है।

पीहू बार-बार दीवार पर टँगे कैलेंडर के पास जाकर, उन महीनों में पड़ने वाली लम्बी छुट्टियों की तारीख़ों को अपलक निहारने लगती है, जिनको उसने मोटे मार्कर से रँगा हुआ है। वह जब-जब इन महीनों का मन-ही-मन हिसाब लगाती है, तब-तब उसकी हिलकियाँ बँधती हैं, और पड़ने वाली छुट्टियों की तारीख़ें धुँधली पड़ने लगती हैं। वह यही सोचकर बेचैन हो उठती है कि अभी तो इन छुट्टियों के आने में पूरे छह महीने हैं। वह कैसे इन महीनों को अपने दादा की स्मृतियों के सहारे काटेगी? जब-जब वह भारत अपने घर फोन करती, या भारत से उसके पास किसी का फोन आता, तब उसे लगता जैसे कोई उससे धीरे-से कहेगा, 'पीहू, ले अपने दादाजी से बात कर!' पीहू के लिए आनेवाले ये महीने छह सदियों जैसे हो गए, जिन्हें काटना उसके लिए किसी युग को काटना जैसा हो गया।

समय किसी का इन्तज़ार नहीं करता। वह अपनी गति से निर्बाध आगे बढ़ता रहता है। इसलिए ये महीने भी आख़िर पिछले सालों और महीनों की तरह कट गए।

मेलबर्न से दिल्ली के बीच का लगभग साढ़े तेरह घंटे का थका देने वाला हवाई सफ़र, पीहू द्वारा अपने दादा के साथ बिताए गए यादों के सहारे कैसे कट गया, इसका उसे पता ही नहीं चला। इन साढ़े तेरह घंटों के दौरान सोते-जागते, पता नहीं वह कितनी बार रोई होगी। एअरपोर्ट से बाहर आने तक मुश्किल से वह अपने आपको रोक पाई। मगर बाहर आने पर जैसे ही उसकी नज़र, उसका इन्तज़ार कर रहीं अपनी तीनों बहनों पर पड़ी, पीहू अपने आपको नहीं रोक पाई और सामान

छोड़ उनसे लिपटकर फूट-फूट कर रोने लगी। तीनों बहनों ने उसे अपनी बाजुओं में कस लिया। मुश्किल से चुप कराने के बाद वे टैक्सी में बैठ गईं। रास्तेभर पीहू कभी सिया से लिपटकर बिलख उठती, तो कभी गार्गी और बुलबुल से।

घर पहुँचने पर टैक्सी से उतर पीहू जैसे ही अपने घर की देहरी पर पहुँची, पूरा घर एक आर्तनाद से गूँज उठा। जाते ही पीहू अपनी दादी से किसी लता की तरह लिपट गई। भगवती की जर्जर बाँहों ने पीहू को ज़ोर-से कस लिया। बड़ी मुश्किल से उसे अपनी दादी से अलग किया गया। अपनी एक महीने की छुट्टी के दौरान कोई ऐसा दिन नहीं गया होगा, जब अपने दादा को याद कर पीहू रोई ना हो। जब भी दशरथ का कोई प्रसंग छिड़ता, पीहू की अपने आप रुलाई फूट पड़ती। इस बीच उसने ध्यान दिया कि उसकी दादी भी दिन-प्रतिदिन कमज़ोर होती जा रही हैं।

कलेजा तो पीहू का उस दिन मुँह को आ गया था, जब एक दिन उसकी दादी ने उसका हाथ अपने हाथ में लेते हुए उससे पूछा, "पीहू, बेटा अब कब आएगी बिदेस से?"

"अम्माँ, कहना मुश्किल है। साल-डेढ़ साल से पहले आना मुश्किल लग रहा है इस बार।"

"अच्छाऽऽऽ।" निराश होते हुए भगवती ने कहा।

पीहू ने देखा उसकी दादी उसे लगातार देखे जा रही है। वह उसे जी भरकर देख लेना चाहती है। और जिस दिन पीहू को वापिस मेलबर्न लौटना था, उस दिन भगवती ने उसे अपने आपसे अलग नहीं किया। उसकी आँखों में न जाने कैसा भय था कि चलते-चलते आख़िर उसने कह ही दिया, "पता नहीं इसके बाद तेरी किस्मत में मुझसे मिलना होगा भी या नहीं।"

सुनते ही पीहू जैसे जड़ हो गई। आख़िर उसकी दादी ऐसे बोल क्यों बोल रही है। उसने अपनी दादी की आँखों में उतरते हुए जिस तरह झाँका, उसके मिलने की तृष्णा को देख, वह उससे फिर से लिपट गई।

एअरपोर्ट छोड़ने गईं सिया और गार्गी पूरे रास्ते पीहू को तसल्ली देती रहीं, कि ऐसा कुछ नहीं होगा जैसे उसके मन में विचार उठ रहे हैं। कुछ नहीं होगा हमारी अम्माँ को। दादाजी भी कौन से किसी बीमारी से ग्रस्त थे। बस, अचानक एक रात हार्ट अटैक आया और हमें हमेशा के लिए छोड़कर चले गए।

मगर चार महीने बीतते-बीतते पीहू को एक दिन जो ख़बर मिली, उसे सुनकर उसका वह डर सच साबित हो गया, जिसकी उसे आशंका थी। जिस दिन अपनी दादी की आँखों में उसने मौत के डैनों को देखा था, उसी दिन उसे एहसास हो गया था कि दादाजी के बिना उसकी दादी ज्यादा दिन नहीं जी पाएगी। उसे याद आया कि उग्रसेन दादाजी की मौत के बाद, दुर्गा अम्माँ भी कौन-सी अधिक दिन जी पाई थी।

इस तरह दो साल के अन्दर बलवंत और रूपेश के सिर से माँ-बाप का, और पोतियों के सिर से दादा-दादी का साया उठ गया। पहले एक-एक कर इस घर से बेटियाँ विदा हो गईं और अब घर के दो पुराने दरख़्त हमेशा के लिए उखड़ गए।

अध्ययन के दौरान ही पीहू को अच्छे पैकेज पर कैंपस प्लेसमेंट के अन्तर्गत एक कम्पनी का ऑफ़र मिल गया। मगर पीहू ने उसे स्वीकार करने से यह कहते हुए इनकार कर दिया कि वह अभी भारत जा रही है। कम्पनी ने जितना मोटा पैकेज पीहू को ऑफ़र किया और पीहू ने उसे जिस उदासीनता के साथ अस्वीकार कर दिया, कम्पनी के अधिकारियों को इस पर आश्चर्य हुआ। अधिकारियों को लगा शायद पीहू की नज़र में यह पैकेज कम है, इसलिए वह भारत जाने का बहाना बनाकर, मना कर रही है। कम्पनी के अधिकारियों ने विचार-विमर्श करने के बाद पैकेज की राशि बढ़ा दी। मगर इसके बावजूद पीहू ने इसमें कोई रुचि नहीं दिखाई। कम्पनी के अधिकारियों ने पीहू को दो महीने का यह कहते हुए समय दे दिया कि वह चाहे तो अपने निर्णय पर फिर से विचार कर सकती है।

परीक्षा समाप्त होते ही पीहू तुरन्त भारत के लिए रवाना हो गई। उसने परीक्षाओं के परिणामों का भी इन्तज़ार नहीं किया। इस बार उसे एअरपोर्ट पर लेने सिया और गार्गी ही आईं। एअरपोर्ट से निकलते हुए अपनी बहनों से जैसे ही उसकी नज़र मिली, पीहू सुबक उठी। दोनों बहनों ने जैसे-तैसे उसे धीरज बँधाया और टैक्सी ले, घर के लिए रवाना हो गईं। रास्ते में तीनों में कोई विशेष बात नहीं हुई।

घर पहुँचते ही पीहू सीधे अपने दादा-दादी के सूने कमरे में गई। पूरब दिशा की तरफ दीवार पर टँगी उनकी तस्वीर के आगे, उनके साथ गुज़ारे गए पलों को याद कर, वह देर तक सुबकती रही। जब रोते हुए पीहू का मन भर गया, तब ही वह कमरे से बाहर निकली।

शाम को खाना खाने के बाद जब पूरा परिवार एक साथ बैठा, तब बातों-बातों में गार्गी ने पीहू से पूछ लिया, "पीहू, अब आगे क्या करने का इरादा है?"

"दीदी, फिलहाल तो मैं वापिस इंडिया आ जाऊँगी।"

"फिर भी, भारत आने के बाद कुछ तो प्लान किया होगा?"

"अभी कुछ नहीं सोचा है। अभी तो मेरा मन बड़ी मम्मी-पापा और मम्मी-पापा के साथ रहने का है।"

"वो तो सब ठीक है परन्तु आगे करना क्या है?" गार्गी इस बार झल्ला गई।

"करना क्या, पढ़ाई-लिखाई तो इसकी पूरी हो ही गई है। इसलिए मैं सोच रहा हूँ कि कोई अच्छा-सा घर और लड़का ढूँढ़कर इसकी भी शादी कर दूँ।" रूपेश ने एक भारतीय पिता की तरह अपनी असली चिन्ता व्यक्त करते हुए कहा।

"पापा, मुझे नहीं करनी है कोई शादी-वादी। मैं तो बड़ी मम्मी-पापा और आपकी सेवा करूँगी।"

"कमाल है पढ़ाई भी नहीं करनी है और शादी-वादी भी नहीं करनी है, तो फिर आगे करेगी क्या?" गार्गी तमतमाते हुए बोली।

"फिर विदेश में इतनी पढ़ाई-लिखाई का क्या फ़ायदा हुआ?" इस बार सिया ने सवाल किया।

"जब हमारी ही सेवा करनी थी, तो क्या जरूरत थी सात समंदर पार जाने की?" माँ जयंती ने मुस्कराते हुए कहा।

"बेटी, हमारी सेवा की तू क्यों टेंशन लेती है। हैं तो सही तीन-तीन बेटियाँ।" रेवती ने पीहू को समझाने की कोशिश की।

"मेरी माने तो तू वहीं किसी कम्पनी में अप्लाई कर दे। नौकरी से तेरा खर्चा भी निकल जाएगा और आगे की पढ़ाई भी हो जाएगी। दोनों काम एक साथ हो जाएँगे।" सिया ने सलाह देते हुए कहा।

"दीदी, जब मुझे वहाँ रहना ही नहीं है, तो क्यों अप्लाई कर दूँ...और अगर मुझे नौकरी ही करनी होती, तो इतने बड़े पैकेज को क्यों मना करके आती।" पीहू को पता ही नहीं चला कि वह बेख़याली में क्या कह गई है।

"क्याऽऽऽ? तुझे कोई ऑफ़र मिला था?" प्रत्युत्तर में चौंकते हुए गार्गी ने पूछा।

"हाँ दीदी, कैंपस प्लेसमेंट के दौरान एक कम्पनी की तरफ से काफ़ी बड़े पैकेज पर ऑफ़र मिला था।" पीहू ने बड़े भोलेपन के साथ उत्तर दिया।

"और तूने उसे एक्सेप्ट करने से मना कर दिया?"

"हाँ दीदी।"

"यह अजीब लड़की है! मिली-मिलाई नौकरी को ठुकरा दिया।" गार्गी पीहू को डाँटते हुए बोली।

"वैसे कितने का पैकेज था?" सिया ने जैसे सबकी तरफ से पूछा।

"यहाँ के हिसाब से छत्तीस लाख बनता है।"

"यह तूने क्या किया बेवकूफ!" इतना कह गार्गी ने अपना सिर पकड़ लिया और कुछ पल रुककर बोली, "मायगॉड, ऐसी पागल लड़की नहीं देखी मैंने।"

"मना करने से पहले कम-से-कम हमसे तो पूछ लिया होता।" सिया ने भी पीहू को डाँटने के अन्दाज़ में कहा।

"दीदी, जब मुझे वहाँ नौकरी करनी ही नहीं है, तब मैं आप लोगों से क्यों पूछती?"

"भई हद है। नौकरी नहीं करनी है तो क्या घास छीलेगी!"

पीहू की समझ में नहीं आ रहा है कि आख़िर उसने ऐसा क्या कर दिया, जो उसकी दोनों बड़ी बहनें उसे बिना मतलब डाँटे जा रही हैं। इधर बुलबुल चुपचाप मुस्कराते हुए अपनी तीनों बहनों के बीच चल रही इस नोक-झोंक को देखती रही।

"चाचा, देख लिया! तुम्हारी यह शहजादी क्या करके आई है। इतने मोटे पैकेज वाली अच्छी-भली नौकरी को ठुकराकर आ गई। कह रही है यहाँ रहकर आप लोगों की सेवा करेगी।" गार्गी अपने चाचा रूपेश की तरफ पलटते हुए बोली।

"पीहू, यह तो तूने ठीक नहीं किया बेटी। जब मौका मिल रहा था तो उसे छोड़ना नहीं चाहिए था। इस देश के हालात तो तुझे पता ही है। कहाँ धरी हैं यहाँ नौकरियाँ। अच्छे पढ़े-लिखे लड़के-लड़कियाँ यहाँ प्राइवेट कम्पनियों में तीस-पैंतीस हजार में बारह-बारह घंटे काम कर रहे हैं।"

रूपेश ने जिस तरह बुझे स्वर में बेटी से कहा, उसे अब जाकर समझ में आया कि सचमुच उसे यह ऑफ़र स्वीकार कर लेना चाहिए था।

"मम्मी, आपको पता है ऑस्ट्रेलिया में जिस नौकरी को यह आपकी सेवा के चक्कर में छोड़कर आई है, उसमें कितनी तनखाह मिल रही थी? तीन लाख महीना।" सिया ने अपनी माँ से कहा।

"क्याऽऽऽ तीन लाऽऽऽख?" रेवती अचकचाते हुए बोली। उसे जैसे अपने कानों पर विश्वास नहीं हुआ।

"पीहू, तूने तो बेटी घर आई लक्ष्मी को ठुकरा दिया।" बलवंत निराश होते हुए बोला।

"ठीक है। तू अब आराम से करना बड़ी मम्मी-पापा और हम सबकी सेवा। बेवकूफ कहीं की!"

"तो दीदी क्या हो गया, जो मना कर दिया।"

"क्या हो गया जो मना कर दिया!" गार्गी पीहू की नक़ल उतारते हुए झल्लाई।

"और क्या कहूँ दीदी। मैंने ही तो मना किया है। कम्पनी ने थोड़े ही किया है...और फिर अभी सोचने के लिए दो महीने का टाइम है मेरे पास ।"

"दो महीने का टाइम है? क्या मतलब है तेरा, क्या कहना चाहती है तू?" सिया ने हैरानी के साथ पूछा।

अपनी बड़ी बहन के पूछने पर पीहू ने सारी बात बता दी।

"हे राम! इस लड़की ने तो हमारी जान ही निकाल दी थी।" जयंती ने गहरी साँस लेते हुए कहा।

"देख पीहू, मौका बार-बार नहीं आते हैं। यह तो अच्छा हुआ जो कम्पनी ने दो महीने का टाइम दे दिया, वरना यह मौका तेरे हाथ से निकल चुका था। फिर पता नहीं तेरा क्या होता। चाचाजी, ठीक कह रहे हैं। यहाँ के जो हाल हैं, हम सब जानते हैं। ऐसा कर तुरन्त कम्पनी को मेल करके अपनी कंसेंट भेज दे और जितनी जल्दी हो यहाँ से जाकर ज्वाइन कर ले!"

"औ...और बड़ी मम्मी-पापा और..."

"तू इनकी चिन्ता मत कर। हम तीनों हैं न इनकी सेवा के लिए।" गार्गी पीहू को डपटते हुए बोली।

"ठीऽऽऽक है दीदी। आज ही मेल कर देती हूँ।" पीहू ने बेमन कहा।

"और सुन, तूने ये जो शादी नहीं करूँगी...शादी नहीं करूँगी का राग छेड़ रखा है न, इसे अपने मन से निकाल दे और वहाँ कोई लड़का मिल जाए, तो शादी कर लेना!"

"गार्गी दीदी सही कह रही है पीहू।" बुलबुल ने गार्गी से सहमत होते हुए कहा।

"अगर कोई मन का लड़का मिल जाए और बात बन जाए, तो हमारी हाँ का इंतजार मत करना। देख बेटी, हर माँ-बाप का यही सपना होता है कि उसके बच्चे जहाँ भी रहें, बस खुश रहें।" बलवंत ने एक अभिभावक का दायित्व निभाते हुए पूरे परिवार की तरफ से परोक्ष सहमति दे दी।

वापिस मेलबर्न लौटते ही पीहू को जो ऑफ़र मिला था, उसने उसे ज्वाइन कर लिया। ज्वाइन करते ही उसने इसकी सूचना सबसे पहले गार्गी को दी। इसके बाद सिया और बुलबुल को दी। इस ख़बर को सुनकर पिता के रूप में रूपेश के सिर से जैसे कोई वज़नी पत्थर हट गया। पहले बेटियों के जाने से, फिर उसके बाद माता-पिता की मृत्यु के बाद घर में जो ख़ालीपन पैदा हो गया था, वह भी धीरे-धीरे कम होता हुआ अब केवल स्मृतियों में सिमटकर रह गया।

22

स्मृतियों का भी अपना शास्त्र होता है। जब-जब हमें लगता है कि वे धुँधली पड़ने लगी हैं, तभी वे किसी-न-किसी बहाने किसी ऋचा या आयत की तरह, चुपके से आकर हमारी स्मृतियों पर छाई धुंध को हटा, फिर से ताज़ा हो जाती हैं।

सुनकर एक बार न तो सिया के समझ में आया, न गार्गी या बुलबुल के। जिस पीहू को सब अभी तक नासमझ और जीवन के अपरिपक्व मनोभावों की आड़ी-तिरछी लकीरें खींचनेवाला गेरू का कच्चा टुकड़ा समझ रहे थे, वह इतनी संवेदनशील और समझदार निकलेगी, किसी ने नहीं सोचा था। पता नहीं इसका ख़याल उसे कैसे आया? यह सबके लिए अभी तक एक पहेली बना हुआ है। लेकिन जो भी है पीहू की इस रचनात्मक कल्पना की सभी ने प्रशंसा की।

क्रिसमस की छुट्टियों में ऑस्ट्रेलिया से पीहू अकेली नहीं, बल्कि उसके साथ उसके तीन सहयोगी भी आए। बलवंत, रेवती, रूपेश, जयंती सबने ऐसा सुन

रखा है कि विदेशियों को यह देश और इसकी संस्कृति बहुत आकर्षित करती है। इसीलिए पीहू के ये सहयोगी इसके साथ आए होंगे। पीहू के आने की ख़बर सुनकर सिया, गार्गी और बुलबुल भी गईं।

पीहू की योजनानुसार सब समय से तैयार हो गए। दिये गए समय पर ऑनलाइन बुक की गई एक बड़ी कैब दरवाज़े पर आ गई। बलवंत ही नहीं बल्कि रेवती और जयंती तो इसी को लेकर ख़ुश हैं कि इनके बहाने वे भी कहीं घूम आएँगी। कैब आते ही सब उसमें सवार हो गए।

"मैडम, पहले कहाँ चलना है?" रवाना होने से पहले कैब ड्राइवर ने पीहू से निर्देश लिया।

"पहले होटल चलना है। वहाँ से उन लोगों को लेना है। मैंने उन्हें फोन कर दिया है, वे बाहर ही मिल जाएँगे।" पीहू ने निर्देश दिया।

लगभग चालीस मिनट में पीहू की कैब बताए गए होटल के सामने पहुँच गई। जहाँ ऑस्ट्रेलिया से उसके साथ आए सारे सहयोगी मिल गए। वे सब पहले से बुक की गई दूसरी कैब में सवार हो गए। पीहू की कैब के पीछे-पीछे उसके सहयोगियों की कैब चल पड़ी।

न जाने कितने लाल-पीली बत्तियों वाले चौक-चौराहों को पार कर पीहू और उसके सहयोगियों की कारों का क़ाफ़िला, जैसे ही मुख्य सड़क से एक पतली सड़क पर सरसराने लगा, रूपेश को यह जगह कुछ जानी-पहचानी सी लगी। जहाँ पहले आसपास चारों तरफ हरियाली ही हरियाली नज़र आती थी, अब वहाँ ऊँची-ऊँची सरकारी इमारतों का जैसे घना जंगल उग आया है।

क़ाफ़िला एक भवन के सामने जाकर रुक गया। एक-एक कर उसमें से रेवती, जयंती और रूपेश उतरकर बाहर आ गए। जयंती ने जगह को ध्यान से देखा, तो देखते ही वह जैसे चक्कर खाकर गिरते-गिरते बची। जबकि रेवती हक्की-बक्की सी कभी पीहू को देखती, तो कभी अपने देवर रूपेश को। और रूपेश, उसका तो मानो चेहरा ही सफ़ेद पड़ गया। उसकी समझ में नहीं आ रहा है कि आख़िर इस जगह के बारे में पीहू को कैसे पता चला? किसने इसे यहाँ के बारे में बताया। परिवार में से किसी ने उससे कभी इसके बारे में ज़िक्र किया हो, उसे याद नहीं। जबकि उसकी तीनों बहनों सिया, गार्गी और बुलबुल की समझ में नहीं आ रहा है कि क्या जगह है।

"पी...पीहू, बेटी तू हमें यह किस जगह पर ले आई?" जयंती ने पीहू से हकलाते हुए पूछा।

पीहू ने अपनी माँ की तरफ मुस्कराते हुए ऐसे देखा, जैसे वह मन-ही-मन उससे पूछ रही कि मम्मी, पूछ तो ऐसे रही है जैसे तू इस जगह के बारे में जानती ही नहीं है। जानकर भी कैसे अनजान बन रही है?

"जयंती, यहाँ तो हम पहले भी एक बार आ नहीं चुके हैं क्या?" रेवती ने अपनी देवरानी जयंती की ओर देखा।

जयंती ने रेवती को कोई उत्तर नहीं दिया। बस, लगभग घिसटते हुए पीहू और ऑस्ट्रेलिया से आए उसके सहयोगियों के पीछे चलती रही।

"पीहू, बेटा तू हमें यहाँ क्यों लाई है?" रूपेश का जैसे हलक़ सूखने लगा।

"तुझे इस मुल्क में इन लोगों को दिखाने के लिए यही जगह मिली है?" रेवती ने पीहू से शिकायत करते हुए कहा।

पीहू ने किसी के सवाल का कोई जवाब नहीं दिया। स्वागत कक्ष में पहुँचने के बाद पीहू ने विज़िटर रजिस्टर में अपना नाम लिखा, और इसके बाद उसने रिसेप्शनिस्ट से आग्रह किया, "हमें सुपरिंटेंडेंट से मिलना है!"

"एक मिनट।" इतना कह रिसेप्शनिस्ट ने इंटरकॉम से किसी से बात की, "सर, आपसे कुछ लोग मिलना चाहते हैं...सर, इनमें कुछ फ़ॉरनर्स भी हैं...ठीक है सर, मैं भेजती हूँ।" इसके बाद उसने हाथ के इशारे से बताया, "सामने गैलरी को पार करने के बाद, दाहिने तरफ पहला कमरा उन्हीं का है।"

जिस समय पीहू और उसके सहयोगियों के पीछे-पीछे रूपेश, रेवती और जयंती चल रहे थे, तीनों का दिल ज़ोर-ज़ोर से किसी अनिष्टता और भय के चलते धड़कने लगा। पता नहीं यह पीहू यहाँ किसलिए उन्हें साथ लेकर आई है? जबकि सिया, गार्गी और बुलबुल के तो कुछ पल्ले ही नहीं पड़ रहा है।

"मे आई कम इन सर!" पीहू ने बताए गए कमरे के दरवाज़े को अन्दर की तरफ धकेलते हुए, अन्दर आने की इजाज़त माँगी।

"प्लीज़ आइए, बैठिए!" सुपरिंटेंडेंट ने एक साथ दस लोगों को अन्दर आते हुए देख, विनम्रता से कहा।

पीहू और उसके सारे सहयोगी सुपरिंटेंडेंट के सामने कुर्सियों पर जबकि रेवती, रूपेश, जयंती, सिया, गार्गी और बुलबुल दाएँ तरफ बिछे सोफ़ों पर जैसे-तैसे बैठ गए।

"जी कहिए, मैं आपकी क्या सेवा कर सकता हूँ?" सुपरिंटेंडेंट ने बड़े अदब से पूछा।

"सर, हमें कुछ पुरानी जानकारी चाहिए। लगभग छब्बीस साल पुरानी।" पीहू ने आग्रह किया।

"साल, महीना और अगर दिन का हमें पता चल जाए, तभी मैं कोशिश कर सकता हूँ।"

पीहू ने एक काग़ज़ के टुकड़े पर सुपरिंटेंडेंट द्वारा माँगा गया विवरण लिखकर दे दिया। इसके बाद सुपरिंटेंडेंट ने इंटरकॉम पर किसी से सम्पर्क किया और उसे बुलाते हुए बोला, "जगदीश जी, एक मिनट के लिए आना!"

कुछ देर में जगदीश नाम का व्यक्ति हाज़िर हो गया।

"जगदीशजी, जरा यह रिकॉर्ड निकालकर लाना!" पीहू द्वारा दिये गए विवरण को सुपरिंटेंडेंट ने जगदीश नाम के व्यक्ति अर्थात् अपने रिकॉर्ड कीपर की तरफ बढ़ा दिया।

थोड़ी देर बाद रिकॉर्ड कीपर एक मोटा रजिस्टर लेकर पुन: उपस्थित हो गया।

"लीजिए मैडम, यह रहा!" इतना कह रजिस्टर के पहले से खुले पन्ने को सुपरिंटेंडेंट ने पीहू के सामने रख दिया।

छब्बीस साल पुराने रजिस्टर और गलने के कारण फट चुके चारों कोनों वाले मटमैले खुले पन्ने पर, पेन की धुँधली पड़ चुकी स्याही से लिखी इबारत को पीहू देर तक अपलक निहारती रही। निहारते-निहारते पहले पीहू की आँखों से पानी बहने लगा।

"मैडम क्या हुआ?" सुपरिंटेंडेंट ने घबराकर पीहू से पूछा।

पीहू ने कोई जवाब नहीं दिया बल्कि देखते-ही-देखते सुपरिंटेंडेंट के कमरे में पीहू की रुलाई गूँज उठी। दाएँ-बाएँ बैठे उसके ऑस्ट्रेलियाई सहयोगियों ने लपककर उसे गले से लगा। सिया, गार्गी और बुलबुल ही नहीं, सुपरिंटेंडेंट को समझते हुए देर नहीं लगी कि यहाँ छब्बीस साल पहले वाले इस रजिस्टर में पीहू क्या खोजने आई है। जिसका वह पता करने आई है, वह कोई और नहीं, इस कमरे में मौजूद यही युवती है जिसकी रुलाई रुकने का नाम नहीं ले रही है। सुपरिंटेंडेंट ने रजिस्टर को बन्द कर उसे अपने रिकॉर्ड कीपर को वापिस दे दिया। रिकॉर्ड कीपर के जाने के बाद सुपरिंटेंडेंट का कमरा देर तक आँसुओं की नमी में डूबा रहा। अब तक सुपरिंटेंडेंट के समझ में सारा माजरा आ चुका था।

"ये आपके माता-पिता हैं?" सुपरिंटेंडेंट ने एक तरफ बैठे रूपेश, रेवती और जयंती की तरफ इशारा करते हुए पूछा।

"जी सर, यही हैं मेरे वे माता-पिता जिन्होंने मुझे असली पहचान और जन्म दिया है। अगर ये मुझे यहाँ से उठाकर नहीं ले जाते, तो पता नहीं आज आपके सामने बैठी यह लड़की, न जाने कहाँ भटक रही होती। ये मेरी बड़ी बहनें हैं एडवोकेट सिया, डॉ. गार्गी और बुलबुल।"

"अब आप क्या कर रही हैं?" सुपरिंटेंडेंट ने मुस्कराते हुए पूछा।

"मैं ऑस्ट्रेलिया में वहाँ की एक कम्पनी में सीईओ हूँ। ये सब मेरे कलीग हैं।"

"अच्छा-अच्छा।" सुपरिंटेंडेंट ने कहा।

"सर, हमारा एक फाउंडेशन है, वह चाहता है कि हर साल इस आश्रम को वह कुछ डोनेशन दे।" पीहू ने अपने सहयोगियों की तरफ देखते हुए कहा।

"मैडम, यह तो इस आश्रम का सौभाग्य है। इसके लिए एक मिसाल होगी कि इसकी एक बच्ची आज इस स्थिति में है कि जो कभी डोनेशन के सहारे जीती थी, आज वह इसे खुद डोनेशन देने आई है। वैसे आपके फाउंडेशन का नाम क्या है?"

"सर, डीबी फाउंडेशन।"

"डीबी फाउंडेशन?" सुपरिंटेंडेंट ने प्रश्नवाचक दृष्टि से पीहू की तरफ देखा।

"दशरथ-भगवती फाउंडेशन सर।" इतना कह पीहू ने मुस्कराते हुए अपने बाएँ तरफ देखा।

"ये कौन हैं जिसके नाम पर आपने अपने फाउंडेशन का नाम रखा है?"

"सर, ये मेरे स्वर्गीय दादा-दादी जी हैं। मेरे बड़े मम्मी-पापा और मम्मी-पापा ने तो सिर्फ़ मुझे पाला है, लेकिन मेरे दादा-दादी जी ही थे जिनकी बदौलत मैं ही नहीं बल्कि मेरी ये बहनें भी गर्व से सिर उठाकर आज समाज में चलने के काबिल हुई हैं। सर, आप सोच भी नहीं सकते हैं कि तीन-तीन बेटियों के होते हुए कोई पुराने विचारों वाला आदमी बेटे के बजाय बेटी गोद ले ले।"

"यह बात तो आप सच कह रही हैं मैडम। हम तो अपने इस आश्रम में रात-दिन देखते हैं कि हर किसी की इच्छा बेटा लेने की होती है। बेटियाँ तो बेचारी यह इन्तज़ार करती रह जाती हैं कि काश, कोई फ़रिश्ता हमें भी इन दान में दिए गए काठ की बाज़ुओं से आज़ाद कराकर ले जाए।" कहते-कहते सुपरिंटेंडेंट का स्वर भीगता चला गया। अपनी नम आँखों को पोंछते हुए वह आगे बोला, "इस मायने में तो आपके दादा-दादी और वह देवता समान आदमी जिसने उनका बेटी गोद लेने के लिए हिम्मत बँधाई होगी, सचमुच फ़रिश्ते ही हैं।"

"लीजिए सर, यह डिमांड ड्राफ्ट!" पीहू ने अपने पर्स से एक बैंक ड्राफ्ट निकालकर सुपरिंटेंडेंट की तरफ बढ़ा दिया।

डिमांड ड्राफ्ट लेने के बाद सुपरिंटेंडेंट कभी पीहू की तरफ देखता, तो कभी ड्राफ्ट की तरफ।

"सर, क्या हुआ? डोनेशन कम है?" पीहू ने अचकचाते हुए सुपरिंटेंडेंट से पूछा।

"कम, मैडम आप इस तीस लाख डोनेशन को कम कह रही हैं। इस आश्रम के इतिहास में आज तक किसी ने इतना बड़ा डोनेशन दिया ही नहीं है। जो देते भी हैं, सबसे पहले यही कहते हैं कि यहाँ उनके नाम का पत्थर ज़रूर लगना चाहिए। आप सोच नहीं सकतीं मैडम कि इस डोनेशन से हमारी उन बच्चियों को कितना सहारा मिलेगा, जो हर समय सूनी आँखों से उन छतों को निहारती रहती हैं, जिनकी मासूम आँखों को यह नहीं पता कि जिसे वे आसमान समझ रही हैं, वह आसमान नहीं बन्द बाड़े की छत है। सचमुच आप बड़ी भाग्यशाली हैं। ज़रूर आपने पिछले जन्म में मोती दान किए होंगे, जो ऐसे दादा-दादी और माता-पिता मिले हैं। समझ में नहीं आ रहा है कि मैं आपका आभार किन शब्दों में व्यक्त करूँ।" सुपरिंटेंडेंट हाथ जोड़ते हुए अपनी कुर्सी से खड़ा हो गया।

इसके बाद पीहू ने अपने पर्स से फिर कुछ रुपए निकाले और उन्हें सुपरिंटेंडेंट को देती हुई बोली, "सर, मेरी तरफ से अपने स्टाफ़ को मिठाई खिला देना। अब चलने की आज्ञा दीजिए!" कुर्सी से खड़े होते हुए पीहू बोली।

"आइए, मैं आपको बाहर तक छोड़ने चलता हूँ।" इतना कह सुपरिंटेंडेंट सबको साथ लेकर अपने कमरे से बाहर आ गया।

गैलरी को पार करते हुए अचानक जैसे पीहू को कुछ याद आ गया।

"सर, मेरी इच्छा उस कमरा को और देखने की है जिसमें रखे पालने से मेरे मम्मी-पापा ने पहली बार मुझे अपनी बाँहों में लिया था।" पीहू ने पलटकर आश्रम के सुपरिंटेंडेंट से गुज़ारिश की।

"चल, उसे मैं दिखाता हूँ!" इससे पहले सुपरिंटेंडेंट कोई उत्तर देता, बीच में रूपेश बोला। इतना कह जो रूपेश सुपरिंटेंडेंट और पीहू के पीछे था, उन दोनों के आगे आया और सबको लेकर बाएँ तरफ मुड़ गया।

कमरे में जाने के बाद रूपेश खिड़की के पास रखे पालने की तरफ इशारा करते हुए बोला, "यहीं रखा था।"

पालने को देख पलक झपकते जयंती की आँखों के सामने कल्पनाओं के चित्र, इतनी तेज़ी से फड़फड़ाए कि वह मुश्किल से अपने आपको रोक पाई। उसी जगह रखे पालने में अँगूठा चूसती कुनमुनाती लावारिस को देखकर लगा, जैसे उसकी जगह पीहू पड़ी हुई है। पीहू तेज़ी से उसकी तरफ लपकी और घुटनों के बल बैठकर उस कुनमुनाती लावारिस को निहारने लगी। निहारते हुए पीहू कल्पनाओं के बीहड़ों में उतर गई। कुछ पलों के बाद वह इनसे बाहर आई, तो सुपरिंटेंडेंट ने देखा आँसुओं से पीहू की आँखें भरी हुई हैं। पीहू ने खिड़की से बाहर खुले आकाश को निहारती मासूम को पालने से उठा लिया। पीहू का ताप पाकर मासूम के जिस्म में ऐसी हरकत हुई, मानो वह पीहू से अपने साथ ले जाने की गुहार कर रही है।

भरे मन से पीहू ने उस लावारिस को वापिस पालने में लिटा दिया। कमरे से बाहर आने से पहले पीहू ने उसे जैसे अन्तिम बार देखा। सब कमरे से बाहर आए, तो देखा जैसे पूरा आश्रम उस ख़ुशनसीब को देखने के लिए खड़ा है, जिसने इतना मोटा चंदा उनके आश्रम को दिया है। रिसेप्शन के सामने खड़ी पीहू ऑस्ट्रेलिया से साथ आए अपने सहयोगियों से कुछ बात कर रही थी कि, इसी बीच उसे कुछ क़दम दूर खड़ी आश्रम की दो महिला कर्मचारियों में हो रही फुसफुसाहट सुनाई दी, "वो है जो उस अंग्रेज़ से बात कर रही है।"

इतना सुनते ही पीहू ने अपने कान के परदे ढीले छोड़ दिए।

"कौन-सी, वो बादामी पैंटवाली?" एक पचपन-छप्पन वर्षीय महिला कर्मचारी ने हैरत के साथ पूछा।

"हाँ वही।"

"चलो न उससे नमस्ते करके आते हैं?"

"नहीं, बुरा मान जाएगी। हम ठहरीं यहाँ की मामूली वर्कर।"

"हाँ, वो तो है...पर मेरा इससे मिलने का बड़ा मन कर रहा है।"

"जस्ट ए मिनट मिस्टर फ़िलिप।" अपने सहयोगी से इतना कह पीहू धीरे-से आपस में बात करती महिला कर्मचारियों की तरफ बढ़ गई, "आंटी कहिए, क्या कहना चाहती हैं आप।"

आश्रम की दोनों महिला कर्मचारियों को बड़ी हैरत हुई कि इस मैडम ने कैसे उनके मन की बात जान ली?

"मैडम जी, आपको इस रूप में देखकर मुझे इतनी खुशी हो रही है कि बस पूछो मत। जब आप इस आश्रम में आई थीं, तब मेरी यहाँ आया की नई-नई नौकरी लगी थी।" पचपन-छप्पन वर्षीय महिला कर्मचारी ने हुलसते हुए कहा।

"फिर तो आप मेरे बारे में बहुत कुछ जानती होंगी?" पीहू ने यूँ ही पूछा।

"हाँ, आपकी देखभाल मैं ही करती थी। जब आप रोती थीं तो मुझे आपके उन माँ-बाप पर बड़ा गुस्सा आता था, जो अपने जिगर के टुकड़े को ऐसे ही कहीं छोड़ गए थे।"

"इसका मतलब यह हुआ आप मेरी धाय माँ हैं।" पीहू ने पचपन-छप्पन वर्षीय महिला कर्मचारी की आँखों में उतरते हुए पूछा।

"मैं कैसे कहूँ मैडम, मैं आपकी कौन थी। मेरी आत्मा तो आज इसी में भीज गई कि आश्रम में जिस अनाथ बच्ची को कभी मैंने अपनी गोद में खिलाया था, वही आज इस आश्रम को इतना बड़ा दान देने आई है।" महिला कर्मचारी ने ख़ुशी से छलक आई अपनी आँखों को पोंछते हुए कहा।

आँखें पोंछती पचपन-छप्पन वर्षीय महिला कर्मचारी को एकटक निहारती पीहू अचानक उसके सीने से चिपक गई। अपने सीने से लगी पीहू को पचपन-छप्पन वर्षीय आया ने कसकर भींच लिया। कुछ पल के लिए ऐसा लगा जैसे बचपन में बिछुड़ी कोई माँ अपनी बेटी से मिल रही है।

"जा बेटी, सुखी रह!" अपने सीने से देर तक लगी पीहू को अलग कर, आँखें पोंछती हुई महिला कर्मचारी पीछे हट गई।

इस दृश्य को देख पूरे आश्रम की आँखें भर आईं।

पीहू बोझिल क़दमों के साथ आश्रम से बाहर आई और सब एक-एक कर अपनी कैब में बैठ गए। रेवती और जयंती के बीच बैठी पीहू रास्तेभर लाल-पीली बत्तियों वाले चौक-चौराहों को पार करते हुए न जाने किन विचारों में डूबती-उतराती रही। वापिस लौटते हुए रह-रह कर उन्हें यही लगता रहा, मानो वे कोई तीरथ करके लौट रही हैं।

ऑस्ट्रेलिया लौटने के बाद कई दिनों तक पीहू का मन-पंछी जब चाहता, उड़कर आश्रम के उस पालने के पास पहुँच जाता, जिसमें अँगूठा चूसती कुनमुनाती अनाथ निस्पृह आँखें खिड़की से बाहर झाँक रही थीं।

इस बीच पीहू ने एक भारतीय से शादी करके ऑस्ट्रेलिया की नागरिकता हासिल कर ली है। उसने न जाने कितनी कम्पनियाँ बदल डाली हैं लेकिन हर साल वह अपने जन्मदिन पर अपने दादा-दादी के नाम पर बनाए गए 'दशरथ-भगवती फाउंडेशन' की तरफ से आश्रम में डोनेशन भेजना नहीं भूलती। वृद्ध होते बलवंत, रूपेश, रेवती, जयंती को उनकी तीनों बेटियों सिया, गार्गी और बुलबुल ने कभी यह एहसास नहीं होने दिया कि वे अकेले हैं। हर साल महीने-डेढ़ महीने के लिए पीहू भी भारत आ जाती है। साल में कुछ दिन तो अब भी ऐसे आ ही जाते हैं, जब स्वर्गीय दशरथ-भगवती के घर की मोखियाँ और रोशनदान, उनकी इन चिड़ियों के नाद से कई दिनों तक गूँजते रहते हैं। इनके निश्छल नाद ने दशरथ-भगवती के आशियाने को वीरानी में तब्दील होने से बचा लिया। आज भी लगता है जैसे पीहू के महावर से भीगे नन्हे पाँवों की छाप इस घर के आँगन में छपे हुए हैं।

❂❂❂